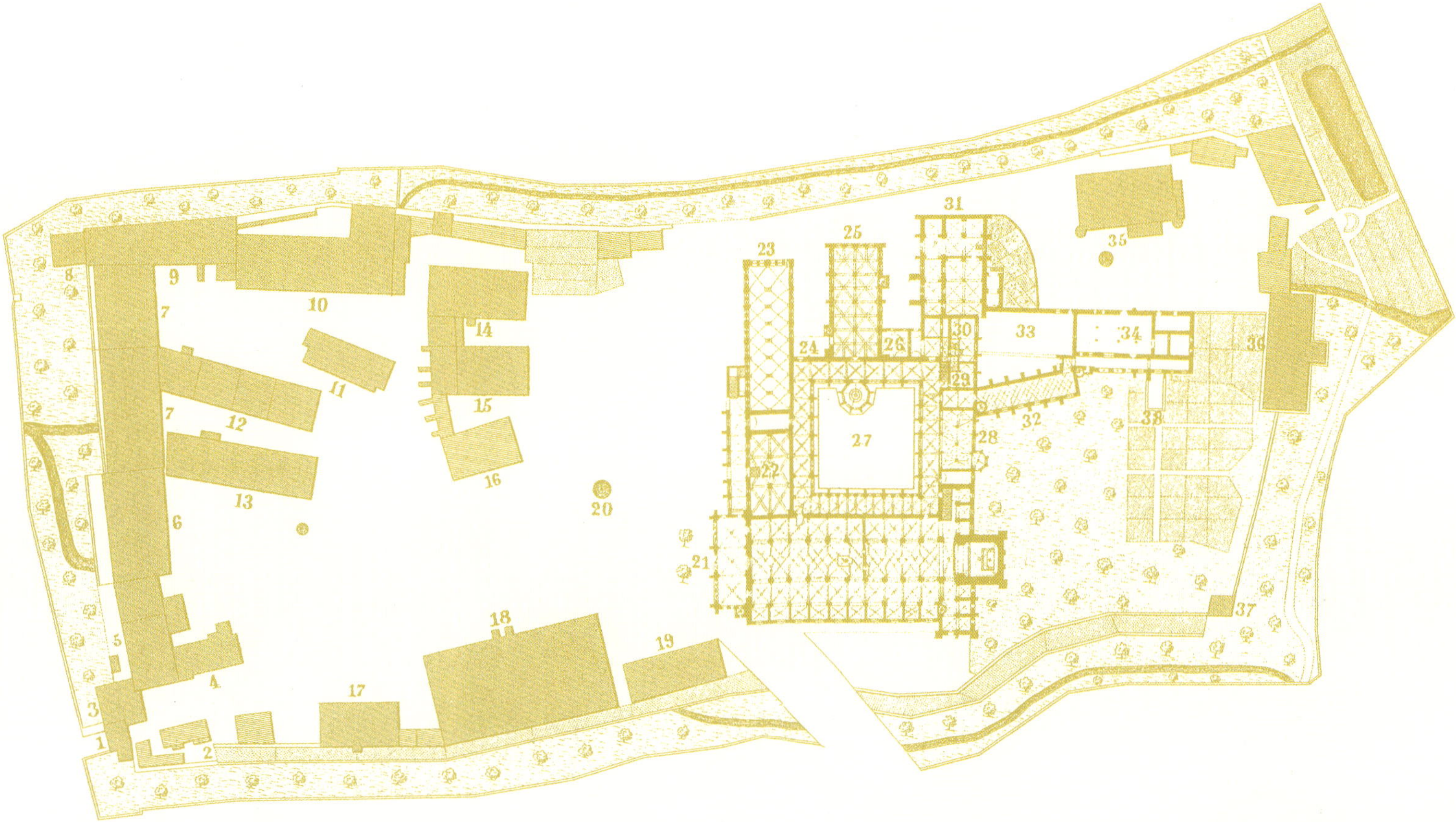
1
2
3
4
5
6
7
8
9
10
11
12
13
14
15
16
17
18
19
20
21
22
23
24
25
26
27
28
29
30
31
32
33
34
35
36
37
38

MAULBRONN

MAULBRONN

Uta Süße-Krause
Michael Hübl

EIN ZISTERZIENSERKLOSTER
ALS WELTKULTURDENKMAL

◊

A CISTERCIAN MONASTERY
AS A WORLD CULTURAL MONUMENT

◊

UN MONASTÈRE CISTERCIEN CLASSÉ
MONUMENT DU PATRIMOINE MONDIAL

G. Braun Buchverlag

Uta Süße-Krause, Jahrgang 1955, widmet sich seit vielen Jahren der künstlerischen Interpretation der Wirklichkeit mittels Fotografie. Dem Kloster Maulbronn sehr nahe, entstand dieser atmosphärisch dichte Bildband. Uta Süße-Krause lebt als freischaffende Fotografin und Musikerin bei Maulbronn. In ihren Ausstellungen und Buchprojekten hat das Kloster Maulbronn als Thema einen festen Platz.

Michael Hübl hat Kunstgeschichte, Kunsterziehung und Mediävistik studiert. Er hat zahlreiche Texte zur Kunst der Gegenwart verfasst und leitet das Ressort Kultur, Film, Fernsehen der Badischen Neuesten Nachrichten, Karlsruhe.

G. BRAUN BUCHVERLAG
Karlsruhe
www.gbraun-buchverlag.de

Gestaltung: Steffen Harms, Karlsruhe
Konzeption, Satz und Titelgestaltung:
Karin Weiß-Jumpertz, Oberderdingen

Gesamtherstellung: Karl Weinbrenner & Söhne GmbH & Co. KG,
Leinfelden-Echterdingen

Reproduktionen: Karl Specht
Moderne Reprotechnik, Karlsruhe

Fotografien: Uta Süße-Krause
Text: Michael Hübl

Luftbild: LMZ Baden-Württemberg

Übersetzung englisch: Judith Giss, Marxzell
Übersetzung französisch: Isabelle Junge, Ettlingen

Mit freundlicher Unterstützung der
Sparkasse Pforzheim Calw

ISBN 3-7650-8331-3

INHALT

VOM NASSEN TAL ZUR FRISCHZELLENKUR

Einige Vorbemerkungen zu diesem Kulturführer

Im Dezember 1993 setzte die Unesco, die Sonderorganisation der Vereinten Nationen für Bildung, Wissenschaft, Kultur und Kommunikation, das ehemalige Zisterzienserkloster Maulbronn auf die Liste des Weltkultur- und Naturerbes der Menschheit. Maulbronn gilt als die besterhaltene mittelalterliche Klosteranlage nördlich der Alpen – dank des Unesco-Prädikats durfte das Ensemble fortan mit so berühmten Sehenswürdigkeiten wie der Inkastadt Machu Picchu, dem indischen Grabmal Tadsch Mahal oder dem preußischen Rokoko-Schloss Sanssouci in einem Atemzug genannt werden. Die Auszeichnung belebte sofort das Publikumsinteresse: 1994 verdoppelte sich die jährliche Besucherzahl schlagartig auf rund 175 000. Inzwischen kommen pro Jahr durchschnittlich um die 120 000 Kulturinteressierte, die sich beim Gang durch Kirche und Klausur einen Eindruck vom asketischen Leben der Zisterziensermönche verschaffen oder sich in die Jugendzeit herausragender Persönlichkeiten zurückversetzen wollen. Immerhin blieb Maulbronn auch nach der Reformation, als das Kloster in eine evangelische Lehranstalt umgewandelt wurde, ein bedeutender Ort: Mancher, der hier einige Monate oder Jahre als Schüler verbrachte, wurde später berühmt. Der Astronom Johannes Kepler, die Dichter Friedrich Hölderlin und Hermann Hesse sind die bekanntesten unter ihnen. Dass auch „Dr. Faustus“, der Alchimist, in Maulbronn gewirkt haben soll, gilt hingegen als Legende.

Als Kepler und Co. in Maulbronn einzogen, war das Dasein in dem alten Gemäuer wohl weiterhin einigermaßen karg. Die Zeit der Fratres jedoch war vorbei. Die Klosterschule, aus der das heutige Evangelisch-theologische Seminar hervorging, hatte Herzog Christoph von Württemberg 1556 eingerichtet, um der Reformation Nachdruck zu verleihen: Hier sollten künftige Pfarrer herangebildet werden. Durch seinen Vorgänger, Herzog Ulrich, war die Abtei gewaltsam in württembergischen Besitz gelangt, 1537 wurde der Protestantismus eingeführt und die Klostergemeinschaft aufgelöst. Mit dieser herrschaftlichen Maßnahme endete eine Epoche, die fast exakt 390

Jahre gedauert hatte. 1147 war unter Leitung des Zisterzienserabtes Dieter im unwirtlichen Tal der Salzach das Kloster Maulbronn gegründet worden. Das exakte Datum kennt man nicht. Die beiden Urkunden, in denen 1147 als Zeitpunkt der Klostergründung genannt wird, sind mittelalterliche Fälschungen.

Gleichwohl steht fest: Etwa um diese Zeit begann der Aufbau einer Abtei, der bald schon allerhöchster Schutz zugesichert wurde. Papst Eugen III. besiegelte 1148 in einer Bulle die Rechte des Klosters, acht Jahre später wurden sie durch Kaiser Friedrich I. Barbarossa bestätigt und bekräftigt. Damit waren günstige Voraussetzungen geschaffen für den Aufbau einer Gemeinschaft, deren innerer Zusammenhalt durch vertiefte Spiritualität beflügelt und durch ein striktes, verbindliches Regelwerk gefestigt wurde. Die klare Organisation des mönchischen Lebens zog nicht zuletzt wirtschaftliche Erfolge nach sich. Sie erlaubten den Maulbronner Zisterziensern die Ausdehnung ihres Besitzes an Feldern und Fischteichen, Wäldern und Weinbergen. Und sie ermöglichten den Bau und den Ausbau einer Klosteranlage, deren Maßstab Bescheidenheit blieb, auch wenn zu Beginn des 16. Jahrhunderts der damalige Abt Entenfuß von Unteröwisheim dermaßen von der Bauwut befallen wurde, dass er abgesetzt und degradiert werden musste. Klarheit, innere Geschlossenheit, zeitenübergreifende Harmonie bestimmen das Bild des Klosters Maulbronn, das – allem Besucherandrang zum Trotz – immer noch etwas von der erhabenen Ruhe alter Tage bewahrt.

Die Aufnahme in die Weltkulturerbeliste bescherte Maulbronn nicht nur einen gehörigen Schub an Touristen. Sie förderte auch das Bemühen um den Erhalt der mittelalterlichen Anlage. Schon 1978 hatte der Gemeinderat der Stadt beschlossen, den Klosterhof, der damals noch asphaltiert war, künftig von Autos frei zu halten. Einige Jahre später wurde eine wissenschaftliche Kommission gegründet, die den Zustand des ehemaligen Klosters begutachten sollte. 1989 wurde an der Universität Karlsruhe der Sonderforschungsbereich 315 eingerichtet. Aufgabe der Fachleute war es, den teilweise alarmierenden Verfall der Bauwerke zu untersuchen und mit ihren Erkenntnissen die Grundlagen für deren Sanierung und Restaurierung zu schaffen.

Die Finanzierung der erforderlichen, oftmals kostspieligen Maßnahmen, bleibt eine stete Herausforderung an die Staatskasse. Da die Mönche ihr Kloster in einer wasserreichen Gegend errichteten, leidet das Mauerwerk unter aufsteigender Feuchtigkeit. Die mindere Qualität des verwendeten Sandsteins, sowie Um- und Neubauten aus jüngerer Zeit, insbesondere aus den 1960er Jahren, bilden weitere Ursachen für Risse, Verwerfungen und andere Schäden an der historischen Bausubstanz. Schlagartige Abhilfe ist nicht zu erwarten. Der Versuch, sämtliche Schadensquellen zu beseitigen,

Blick auf die Klosterkirche und ihre Vorhalle, das Paradies. ◊ View of the monastery church and porch – the Paradise. ◊ Vue sur l'église du monastère et son vestibule, le narthex.

würde mehr kaputt machen als retten. Und so haben sich die Restauratoren darauf eingestellt, dass Maulbronn nach Stand der Dinge dauerhafter und kontinuierlicher Pflege bedarf. Zu den jüngsten Maßnahmen gehörte die minutiöse Restaurierung des reich verzierten, zirka 550 Jahre alten Chorgestühls, das durch Fäulnis, Schwammbesatz, die zerstörerischen Aktivitäten des gemeinen und des gescheckten Nagekäfers, aber auch durch Vandalismus arg geschädigt war. Am Dachreiter, der bei Zisterzienser-Kirchen den Turm ersetzt, wurden ebenfalls erst kürzlich die Arbeiten abgeschlossen. Hier musste unter anderem die historische Holzkonstruktion gesichert und verstärkt werden. – Das sind Einzelbeispiele. Insgesamt hat die Staatliche Vermögens- und Liegenschaftsverwaltung in den zurückliegenden 25 Jahren nahezu 26 Millionen Euro für die Instandhaltung der eindrucksvollen Bauwerke aufgebracht.

Die Faszination und die Begeisterung, die der junge Orden der Zisterzienser während des Mittelalters überall in Europa und nicht zuletzt in Südwestdeutschland auslöste, waren groß – aber groß waren auch die Widerstände, die das Häuflein von zwölf Fratres, ihrem Abt und einigen Konversen zu bewältigen hatten. Mit der Ansiedelung begann die Geschichte eines einzigartigen baulichen Ensembles. Es liegt heute unterhalb einer deutschen Kleinstadt mit Cafés, Drogeriemärkten, Bushaltestellen. Seine außergewöhnliche Anziehungskraft wird durch diese Neubauten nur verstärkt. Hier die Nüchternheit und Umtriebigkeit des modernen Lebens, dort der Klosterbezirk von Maulbronn mit seiner fremden, zugleich vertrauten, verlorenen und doch realen Welt.

Junges Leben in historisch bedeutender Umgebung: Seit über 450 Jahren ist in einigen Gebäuden des Klosters Maulbronn eine Schule untergebracht. ◊ Youth in historical surroundings: a school has existed in a number of buildings within the monastery for over 450 years. ◊ La jeunesse dans un environnement historiquement important : Depuis plus de 450 ans une école est aménagée dans quelques bâtiments du monastère de Maulbronn.

WO DIE ZEIT NUR SCHEINBAR STILLSTEHT

Das Klostergelände lädt zum Flanieren ein

Der Zugang ist eng. Wuchtige Buckelquader wurden hier zu einer Toranlage aufgeschichtet. Alles wirkt schwer und gedrungen. Ein Mansardwalmdach liegt flach und breit auf dem Bauwerk, als müsste es sich vor angreifenden Feinden ducken. Das Dach stammt aus dem 18. Jahrhundert, das Tor selbst wurde vermutlich um 1440 zu seiner jetzigen Gestalt ausgebaut, als man Maulbronn insgesamt stark befestigt hat – eine notwendige Schutzmaßnahme, wie sich bald zeigen sollte, denn in den kriegerischen Auseinandersetzungen zwischen den Pfalzgrafen und dem Herzog von Württemberg geriet das Kloster wiederholt zwischen die Fronten. Über der Durchfahrt erhob sich ursprünglich ein hoher Turm, ein zweiter folgte in wenigen

Der äußere Torturm (links) hat heute nicht mehr seine einstige Höhe. Im 18. Jahrhundert erhielt er ein Mansardwalmdach als oberen Abschluss. – Das Mauerwerk aus Buckelquadern (rechts) signalisiert Verteidigungsbereitschaft. ◊ The outer gatehouse tower (left) is lower than it once was. In the 18th century a hipped roof was added. – The walls, which are built of massive stone blocks, with a rough-hewn outer surface (right), are demonstratively defensive. ◊ La tour et porte fortifiée extérieure (à gauche) n'a plus sa hauteur d'origine. Au XVIIIe siècle elle a reçu un toit en croupe comme finition supérieure. – La maçonnerie en pierre de taille équarrie à boucle (à droite) signale le rôle défensif.

Ein Teil der Wehrmauern, die im Zuge machtpolitischer Auseinandersetzungen zwischen wechselnden weltlichen Schutzherren des Klosters immer stärker ausgebaut wurden. Ansicht von Süden. ◊ Part of the outer wall, which was extensively reinforced in the course of power political disputes between different secular patrons. View from the south. ◊ Une partie des remparts, qui furent agrandis de plus en plus au cours des conflits politiques pour le pouvoir entre les protecteurs laïques changeants du monastère. Vue du sud.

Metern Abstand. Er wurde 1813 abgerissen. Eine Dreifaltigkeitskapelle, die mit diesem zweiten Torturm unmittelbar verbunden war, fiel ebenfalls der Spitzhacke zum Opfer. Solche Kapellen waren bei den Zisterzienserabteien gang und gäbe. In Maulbronn sind noch, auf der rechten Seite hinter den ersten Bauten nach der Tordurchfahrt, spärliche Mauerreste und Fundamente zu sehen. Sie erinnern daran, dass Frauen früher der Zutritt zum eigentlichen Klosterbezirk verwehrt war. Außer an neun Tagen während des Kirchweihfestes hatten sie nur in der Dreifaltigkeitskapelle Gelegenheit, an Gottesdiensten und Andachten teilzunehmen.

Das erste Bauwerk gleich rechts hinter dem Klostertor war das Pförtnerhaus. Der Fachwerkbau, in dem gegenwärtig ein kleiner Laden eingerichtet ist, wurde um 1600 errichtet. Aus der gleichen Zeit stammt das nächste Gebäude, das ehemalige Wachhaus; hier betreibt seit mehreren Generationen die Familie Krüger eine Buchhandlung, die durch ihr vielseitiges Sortiment an Veröffentlichungen viel zum kulturhistorischen Verständnis von Maulbronn beigetragen hat. Ihrem heimatkundlichen Interesse verdankt sich manche Publikation, darunter ein Reprint der Abhandlung über „Die Cisterzienser-Abtei Maulbronn“, die Eduard Paulus 1873 für den „Württembergischen Alterthums-Verein“ herausgebracht hat und die mehrere Neuauflagen erfuhr. Paulus war später als Konservator der Kunst- und Altertumsdenkmale im Königreich Württemberg für den Erhalt des Klosters zuständig.

Gegenüber dem Pförtnerhaus und dem Wachhaus liegt eine Gebäudegruppe, die direkt am Klostertor mit einem Apothekennebengebäude beginnt. An seiner Stelle stand ehemals das Gasthaus des Klosters. Es folgt die Apotheke; hier hatte vermutlich einmal die Vogtei ihren Sitz. Bemerkenswert ist der Steinbau am Ende der Reihe, das so genannte Frühmesserhaus, heute Museum. An seiner Rückseite ragt ein romanisch gestaltetes Türmchen aus einem schlanken Anbau empor: Es diente als Rauchabzug für den großzügig bemessenen Wandkamin im Erdgeschoss des Hauses, das möglicherweise als Logis für hochgestellte Persönlichkeiten genutzt wurde. Der Bau wird als ein Werk des Paradies-Baumeisters angesehen, nach dessen Entwürfen die Vorhalle der Klosterkirche entstand. Auch die beiden Tore des längst abgerissenen inneren Torturms bildeten eine kleine Halle. Sie verband das Frühmesserhaus mit der Dreifaltigkeitskapelle.

◊

In alten Zeiten stand man also erst einmal in einem engen Hof, bevor man das Klosterareal betrat. Seine Ausdehnung wurde bereits um 1200 festgelegt. Auch heute noch überrascht es durch seine Weite. Kirche und Klausur

Der Brunnen mit der achteckigen Fassung aus Gusseisen und der Sandsteinsäule in der Mitte wurde 1794 errichtet. ◊ The well with its octagonal cast-iron framework and the sandstone column in the middle, were built in 1794. ◊ La fontaine avec le châssis octogonal en fonte et avec la colonne en grès au milieu fut élevée en 1794.

Das zierliche Türmchen auf der Rückseite des Frühmesserhauses diente als Rauchabzug. – Voluten geben der Giebelseite des ehemaligen Marstalls markante Gestalt. Der Renaissance-Bau wird seit 1839 als Rathaus der Stadt Maulbronn genutzt. ◊ The dainty tower behind the curate's house functioned as a smoke outlet. – Scrolls decorating the gable-end of the former stables make a striking picture. Since 1839 this building has been the Town Hall of Maulbronn. ◊ La petite tour gracile sur le côté arrière de la maison du premier office servait de puits d'aérage. – Des volutes donnent au côté pignon des anciennes écuries un aspect marquant. Le bâtiment sert de mairie à la ville de Maulbronn depuis 1839.

liegen, partiell von Bäumen verdeckt, im Hintergrund, und so wird die Aufmerksamkeit unversehens auf die spätmittelalterlichen Gebäude gelenkt, die scheinbar spielerisch auf dem Gelände verteilt sind. Tatsächlich entspricht die Anordnung den ökonomischen Erfordernissen des Klosters. Die einzelnen Arbeitsabläufe sollten möglichst reibungslos und ohne unnötigen Kräfteverschleiß vonstatten gehen. Das gilt auch und gerade für das große Gebäude, das dem Besucher sofort auffällt, wenn er das Frühmesserhaus hinter sich gelassen hat und nach links blickt. Der imposante Bau, in dem seit 1839 das Rathaus der Stadt Maulbronn untergebracht ist, hebt sich durch seine Gestaltung deutlich von der umliegenden Architektur ab. Die Giebelseite ist mit Voluten verziert, schneckenförmigen Bauelementen, wie sie für die deutsche Renaissance typisch sind. Im Kern ist das Haus deutlich älter. Um 1600 wurde es zum Marstall umgebaut, in dem fortan der Herzog von Württemberg bei seinen Jagdausflügen die Pferde seines Trosses samt der nötigen Gerätschaften unterbringen konnte. Den Zisterziensermönchen war der Luxus des Reitens hoch zu Ross nicht erlaubt gewesen. Lediglich den Celleraren, Prokuratoren und den Verwaltern der Grangien durfte der Abt Ausnahmen gestatten. Zur Begründung des Reitverbots zog man das Neue Testament heran: Hatte nicht dem Heiland ein einfacher Esel als Fortbewegungsmittel genügt?

Links neben dem Rathaus – dem einstigen Marstall – befand sich einmal die Klosterschmiede. Das Wirtshausschild erinnert noch an die Tätigkeiten, die hier ausgeübt wurden , so etwa das Beschlagen der Pferde. Das Wasser, das für die Arbeit mit den heißen Eisen unabdingbar war, lieferte das unterirdische Kanalsystem, das sich kurz vor der Schmiede und dem Marstall gabelt, unter beiden Gebäuden hindurchführt und außerhalb der Klosterumfriedung wieder zusammengeleitet wird. Es verlief auch unter einem großen spätmittelalterlichen Ökonomiegebäude, das nicht mehr erhalten ist. Dieses stand längs der Klostermauer, dort, wo sich heute ein kleiner Hof ergibt, an dessen Nordseite ein inzwischen teils als Wohnhaus, teils als Scheune genutzter Speicher steht. Er wird an einer Ecke gerade noch von einem länglichen Bauwerk flankiert, das mit gutem Grund beinahe parallel zum Marstall ausgerichtet ist. Der Name „Haberkasten" deutet es an: Hier wurde Hafer gelagert. Mittlerweile leben in dem alten Gemäuer Menschen, wie die grünen Fensterläden und die Treppenaufgänge auf der Rückseite zu erkennen geben. Gegenüber erstreckt sich ein Steinbau, dessen Mauerwerk eine wechselhafte Geschichte verrät. Seit dem Mittelalter stand an dieser Stelle die Mühle, die für das Klosterleben eine existenzielle Funktion erfüllte. Sie wurde im 2. Viertel des 13. Jahrhunderts installiert und ist das älteste in Stein errichtete Wirtschaftsgebäude Maulbronns. Die beiden schlanken gotischen Lanzettfenster links neben dem Tor stammen mitsamt dem umliegenden Gemäuer aus der ersten Bauphase, während die Tür rechts alle Merkmale des in napoleonischer Zeit entwickelten Empire-Stils aufweist, auch wenn der Eingang lange nach dem Ende des französischen Herrschers entstand, wie die Jahreszahl 1827 im Türsturz erkennen lässt. Später diente die Mühle als Jugendherberge. Sie ist vor einigen Jahren ausgezogen, woraufhin das Staatliche Hochbauamt des Landes Baden-Württemberg eine gründliche Außensanierung vornahm. Wie es im Innern weitergehen soll, ist zur Zeit noch offen: Erwogen wurde etwa, eine Dokumentation über die Klosterlandschaft des deutschen Südwestens zu präsentieren oder ein Naturparkzentrum für das Stromberg-Heuchelberg-Gebiet unterzubringen.

Die Mühle war der Kern der klösterlichen Lebensmittelversorgung. In dem freistehenden Fachwerkbau schräg gegenüber, der ehemaligen Pfisterei, wurde gebacken; hier wohnte auch der Pfistereimeister, dem es oblag, ausreichende Mengen von Brot herzustellen. Dieser Teil der Anlage war dank zweier Türme besonders gut bewacht – einmal durch den Mühlturm direkt neben der Klostermühle, zum anderen durch den Haspel- oder Hexenturm, mit dessen Bau möglicherweise im 13. Jahrhundert begonnen wurde, der

Das mächtigste weltliche Bauwerk auf dem Klosterareal: der Fruchtkasten (links). Der Blick auf den Klosterhof zeigt im Vordergrund den Brunnen aus dem 18. Jahrhundert, dahinter (von links) das ehemalige herzogliche Kameralamt, das einstige Gesindehaus und die frühere Speisemeisterei. ◊ The largest secular building in the monastery: the vintry (left). View of the monastery courtyard with the 18th century well in the foreground.

Behind, from the left, the former Bursarium (the former ducal administration building), the former servants quarters and the storehouse. ◊ Le bâtiment séculier le plus imposant sur le site du monastère : le magasin à grain (à gauche). La vue sur le préau montre au premier plan la fontaine du XVIIIe siècle, à l'arrière (de gauche à droite) l'ancienne gestion des finances ducales, les anciens communs et l'ancienne intendance.

aber seine jetzige Gestalt 1441 während der Amtszeit des Abtes Johannes von Worms erhielt. Zwischen Haspel- oder Hexenturm und Mühle liegt der ehemalige Melkstall und Eichelboden mit gewölbten Ställen und Speicherräumen, die vermutlich ebenfalls 1441 entstanden.

Begibt man sich von hier aus wieder Richtung Klausur, so kann man entweder links zum Wehrgang hochsteigen, oder man geht an den stattlichen Fachwerkhäusern vorbei, die hier den Blick auf die Klausur versperren. Das erste nächst der Mühle stammt aus dem 15. Jahrhundert und ist die ehemalige Speisemeisterei, das mittlere wurde um 1520 erbaut, erfuhr dreißig Jahre später schon wieder Veränderungen und hatte die Funktion eines Gesindehauses, während das letzte Gebäude in diesem architektonischen Ensemble bereits im Mittelalter eine Art Verwaltungssitz war. Hier befanden sich die Räume des Bursars, der eine wichtige Position bekleidete: Er war der Finanzfachmann der Zisterzen, denn er betreute das Geldvermögen der Abtei – eine Aufgabe, die im Spätmittelalter erheblich an Bedeutung gewann, als die Klöster nicht mehr nur durch eigene Produkte, sondern auch durch Kapitaleinsatz Gewinne erwirtschafteten. 1742 ersetzte man das Bursarium durch den Neubau eines herzoglichen Kameralamts, das nach einem Brand Ende des 19. Jahrhunderts durch Fachwerkimitationen an das altdeutsche Gesamtbild der Klosteranlage angepasst wurde. Sie bildete an dieser Stelle (wahrscheinlich bis zum Abbruch des Bursariums) eine geschlossene Einheit, so dass der Bereich des Geistigen und Spirituellen dem profanen Blick entzogen blieb und auch nicht ungehindert zugänglich war: Im Anschluss an das Bursarium, also etwa an der Südecke des Kameralamtes, stand der dritte Maulbronner Torturm, auf den ein – mittlerweile abgerissenes – Heuhaus folgte. Dieses wiederum stieß auf den mächtigsten weltlichen Baukörper des gesamten Are-

Gleich neben der ehemaligen Mühle (links hinten) führt eine Treppe zur Wehrmauer des Klosters Maulbronn. ◊ Immediately next to the former mill (back left) steps lead to the outer wall of Maulbronn Monastery. ◊ Directement à côté de l'ancien moulin (derrière à gauche) un escalier mène aux remparts du monastère de Maulbronn.

Der Haspel- oder Hexenturm überragt die Fachwerkhäuser in der Nordwestecke des Klostergeländes, von denen manche heute noch bewohnt sind. ◊ The Haspel or Witches Tower rises above the timbered houses in the north-west corner of the monastery. Some of the houses are still privately occupied. ◊ À l'angle nord-ouest du site du monastère, la tour du treuil ou tour des sorcières surplombe les maisons à colombage dont certaines sont habitées encore aujourd'hui.

als: den Fruchtkasten. Er ist ganz aus Stein gemauert und umfasst acht Stockwerke. Im Fruchtkasten lagerten die Naturalien, außerdem verfügte man hier über eine Kelter. Die aktuellen Ausmaße des Bauwerks rühren von Erweiterungen her, die 1580 vorgenommen wurden. Heute wird der im Innern stark veränderte Fruchtkasten als Stadthalle von Maulbronn genutzt.

Die Gebäude neben dem Fruchtkasten sind merklich kleiner. Rechts liegt, von einer bescheidenen Scheune gleichsam auf Abstand gehalten, die ehemalige Klosterküferei, ein Steinbau aus dem 13. Jahrhundert. Er wurde in den vergangenen Jahren zu einem Informationszentrum umgebaut, das unter anderem den alten Kassenschalter im Ern der Klausur ersetzt. Eintrittskarten kauft man jetzt in dem neuen Info-Zentrum. In der einstigen Küferei wurde zudem ein Museum eingerichtet. Es ergänzt das Klostermuseum im Frühmesserhaus. Auf der linken, östlichen Seite des Fruchtkastens befindet sich die Weingartmeisterei. Sie wurde 1768 erbaut, beherbergte vorübergehend die Schule der Stadt Maulbronn und ist eines der vielen Beispiele dafür, dass die Klosteranlage, so einheitlich und in sich stimmig sie sich heute auch darstellt, zu allen Zeiten teilweise starke bauliche Veränderungen erfuhr. Einen massiven Eingriff in die Bausubstanz bedeutete Anfang des 19. Jahrhunderts das Anlegen der Straße, die seither zwischen Weingartmeisterei und Paradies hindurchführt. Um den Klosterhof mit der Fernstraße nach Stuttgart zu verknüpfen, wurde die Befestigungsmauer auf breiter Front durchbrochen. Damals bestand sogar Sorge, das Kloster könnte industrieller Nutzung zugeführt werden. In einem Kunstführer von 1856 wird die Befürchtung geäußert, dass „diese herrlichen Räume, ein Meisterwerk der deutschen Baukunst, ihrer ersten Bestimmung voll und ganz entkleidet werden und vielleicht vom Getöse einer Fabrik wiederhallen [sic] sollten."

◊

Es ist anders gekommen. Wenn es auf dem Klostergelände lärmig zugeht, dann eventuell, weil gerade der Touristenandrang besonders groß ist. Doch selbst in solchen Momenten kann man so etwas wie Beschaulichkeit genießen. Man muss nur von der Weingartmeisterei aus, vorbei am Klosterhofbrunnen aus dem Jahr 1794, zu einem kleinen Spaziergang aufbrechen, um hinter die Klausur zu gelangen. Stellenweise rückt die Wehrmauer ziemlich nahe an das Klostergebäude heran, bald aber weitet sich die Enge, und man stößt auf das 1588 errichtete, mittlerweile vom Evangelischen Seminar genutzte Jagdschloss Herzog Ludwigs von Württemberg. Vis-à-vis liegt das Herrenhaus, das zwischen 1512 und 1514 unter Einbeziehung älterer Mauerpartien (hier stand früher die Infirmerie, das Klosterkrankenhaus) gebaut wurde. Besonders sehenswert ist der große Saal im Erdgeschoss mit seinen reich verzierten Sandsteinsäulen. Sie erinnern an die Bauleidenschaft des Abtes Johannes VIII. Entenfuß von Unteröwisheim, der den berüchtigten Dr. Faustus angeworben haben soll, damit er in seiner Alchimistenküche Gold herstelle und ihm auf diese Weise die zum Bauen nötigen Geldmittel verschaffe. Geht man vom Herrenhaus noch ein paar Schritte weiter Richtung Befestigungsmauer, gelangt man zum Pfründhaus und sieht von dort den so genannten Faust-Turm. Hier habe der vermeintliche Magier gewirkt, geht die Sage. Später, so heißt es, wollte dort der Dichter Joseph Victor Scheffel Logis nehmen, um sich zu einem Roman inspirieren zu lassen. Aber die Frau des damaligen Ephorus hatte lebenspraktische Einwände: Sie brauchte den Raum, um hier Wäsche aufzuhängen. Aber vielleicht ist das auch nur eine der vielen Legenden, die sich um den Turm ranken.

Der so genannte Faust-Turm war ursprünglich Teil der Wehranlage und wurde Anfang des 17. Jahrhunderts zu einem Lusthaus umgebaut. ◊ The so-called Faust Tower was originally part of the fortifications and was converted into a pavilion at the beginning of the 17th century. ◊ La tour qu'on appelle la „Tour de Faust" fit à l'origine partie du rempart et fut transformée en un château de plaisance au début du XVIIe siècle.

VOM PARADIES ZUR HÖLLENTREPPE UND WEITER

Ein Rundgang durch die Klausur

Das Paradies, das zwischen 1213 und ca. 1240 errichtet wurde, gilt als eines der hervorragenden Architekturbeispiele seiner Zeit. Einzelne Stilmerkmale lassen vermuten, dass der Baumeister der Halle in Nordfrankreich oder Burgund geschult wurde. Neuerdings vertritt man auch die Auffassung, dass im Gefolge des Staufers Friedrich II., der 1212 im Mainzer Dom zum König gekrönt wurde, Einflüsse aus Süditalien und Sizilien nach Maulbronn gelangten. Auffällig sind die zierlichen Säulen, die dem Äußeren des Paradieses fragile Leichtigkeit verleihen. Im Innern erstaunt der Eindruck harmonischer Weite. Bemerkenswert sind die Türblätter des Hauptportals der Klosterkirche, an denen sich Teile der originalen Lederverkleidung des Mittelalters samt der dazugehörigen kunstreichen Eisenbeschläge erhalten haben.

Der Eingang zur Klausur selbst ist unscheinbar. Besucher erreichen ihn durch den niedrigen Arkadengang links neben dem Paradies. Der Name bezeichnet die Vorhalle der Klosterkirche und erinnert an die frühere Ausmalung der Gewölbe. Sie zeigte einmal die Vertreibung aus dem Garten Eden, umfasste aber auch skurrile Darstellungen wie das Bild einer Gans, an der eine Flasche, eine Bratwurst, ein Bratspieß und andere Gegenstände hingen. Unweit von ihr fanden sich am Gewölbe die Initialen A.V.K.L.W.H., die von einem Archivar des 17. Jahrhunderts mit „All voll, keiner leer, Wein her" übersetzt wurden; Joseph Victor von Scheffel hat diese Deutung später in sein launiges Gedicht „Die Maulbronner Fuge" übernommen. Zu Zeiten der Mönche war das Paradies Anlaufstelle für Pilger, ein Ort für Bußübungen und Freiraum für Asylsuchende.

Bescheiden stellt sich der Westgang dar, der rund drei Jahrhunderte jünger ist als das Paradies. Am Ende der geduckten Arkaden liegt rechts der Ern, der neuerdings mit einer vollautomatischen Besucherschleuse aus Edelstahl versperrt ist. Bevor man von hier aus den Kreuzgang betritt, besteht die Möglichkeit, in das Cellarium hinabzusteigen, dessen Boden rund einein-

Licht und Schatten umspielen das mit Eisenbeschlägen verzierte Hauptportal der Klosterkirche. ◊ Light and shadow play around the iron ornamenation of the main portal of the monastery church. ◊ Lumière et ombre éclairent le portail central orné de ferrures de l'église du monastère.

Filigrane Säulen und weit geschwungene Gewölbebögen (linke Seite) verleihen dem Paradies eine besondere Wirkung, die bei tief stehender Sonne mitunter ins Dramatische gesteigert wird (oben). ◊ Graceful, slender columns and long curved vaulted arches (left) lend a particular charm to the Paradise. Sunlight shining through the stonework dramatises the scene. ◊ Des colonnes graciles et des arcs de voûte étendus (côté gauche) donnent au narthex un effet particulier, qui par moments, lorsque le soleil est bas, peut s'intensifier jusqu'à devenir dramatique.

halb Meter tiefer liegt als der Eingangsbereich. Das Cellarium diente den Mönchen als Vorratskeller; seit einer gründlichen Renovierung im Jubiläumsjahr 1997 wird es als Lapidarium genutzt: Hier erhält man anhand von Werkzeugen, Schautafeln und Bruchstücken wie einer Fiale oder einem Säulenschaft Einblick in die Arbeit der mittelalterlichen Steinmetze.

Steinernen Geschichtszeugnissen begegnet man später wieder im Kreuzgang; dort gibt es zahlreiche Grabplatten, allerdings nur im Ostflügel und in einem Teil des Südflügels, nicht jedoch auf der Westseite, in die man durch den Ern gelangt. Wer dem offiziellen Rundgang folgt, wendet sich vom Ern aus nach rechts und trifft nach etwa 25 Metern auf eine schmalen Seitenpforte der Klosterkirche. Das Gotteshaus war wie alle Sakralbauten des Zisterzienser-Ordens der Jungfrau Maria geweiht. Der heutige Raumeindruck geht zurück auf zwei Baumaßnahmen des Spätmittelalters. Um

1340/50 wurde die Rückwand des Chores aufgebrochen, um das große Maßwerkfenster einzufügen, das seither den Kirchenraum aufhellt. Unverändert blieb damals noch die flache Holzdecke des Mittelschiffs aus der ersten Bauphase: Einwölbungen waren in der ersten Hälfte des 12. Jahrhunderts (also zu Zeit der Klostergründung) auf deutschem Gebiet nur herausragenden Architekturen wie etwa den Domen in Speyer, Worms oder Mainz vorbehalten gewesen. Erst 1424 wurde die Maulbronner Holzdecke durch Netzgewölbe ersetzt. In dieser Bauphase hat man auch die Chorschranke in das nördliche Seitenschiff hinein verlängert, so dass die Trennung zwischen Laien und Ordensbrüdern noch stärker markiert wurde. Das Kernstück dieser Abgrenzung liegt im Mittelschiff. Es stammt aus der Frühzeit des Klosters und ist eine der wenigen Chorschranken aus der zwei-

Im Mittelalter war die Vorhalle mit einer Darstellung der Vertreibung aus dem Paradies geschmückt. Rechts: Der Westflügel des Kreuzgangs. ◊ In the Middle-Ages a portrayal of the expulsion from Paradise decorated the porch. Right: the west wing of the cloisters. ◊ Au moyen âge le vestibule était décoré avec une représentation de l'expulsion hors du paradis. A droite : L'aile ouest du cloître.

ten Hälfte des 12. Jahrhunderts, die an ihrem ursprünglichen Standort erhalten sind.

Das überlebensgroße steinerne Kruzifix vor der Chorschranke ist von ebenso sensiblem wie eindringlichem Realismus. Es zeigt Christus im Moment seines leiblichen Todes: Die große Dornenkrone wirkt überschwer, aus dem geschwächten Körper ist aller Widerstand gewichen. Auf der Rückseite des Steinkreuzes sind das Datum 1473 und das Monogramm CVS vermerkt, von dem man annimmt es stehe für Conrad von Sinsheim. Dieser Name wird in Verbindung gebracht mit Conrad Syfer, dem Straßburger Bildhauer. Letztlich ist hier die Urheberschaft aber genauso ungeklärt wie beim Chorgestühl, das Mitte des 15. Jahrhunderts eine neue Gestaltung erhielt. Es war ausschließlich für Herrenmönche bestimmt und bot 92 Ordensleuten Platz. Den Abschluss der Sitzreihen bilden Wangenreliefs, und wenn man in dieser aus dem Geist des Armutsideals erbauten Kirche überhaupt von Prachtentfaltung reden kann, dann hier: In reich ornamentierten Schnitzereien werden Ereignisse aus dem Alten Testament dargestellt, die als typologische Vorausdeutungen auf künftiges Heilsgeschehen zu verstehen sind.

Das überlebensgroße steinerne Kruzifix ist ein eindrucksvolles Zeugnis spätmittelalterlicher Bildhauerkunst.
Nächste Seite: Das Langhaus der Kirche hatte zunächst eine flache Decke. 1424 wurde es mit Gewölben versehen. ◊ The larger-than-life stone crucifix is impressive evidence of sculpture from the late Middle Ages.
Next page: Originally the nave of the church had a flat ceiling. In 1424 a vaulted ceiling was built. ◊ Le crucifix en pierre plus grand que nature est un témoin impressionnant de l'art sculptural de la fin du moyen âge.
Prochaine page : La grande nef de l'église avait au début un plafond plat. En 1424 elle fut munie de voûtes.

Lied Vers
139 1-5
211 1-5
581 1-6
209 1-4

Hinten, an dem Ende des Chorgestühls, das der Chorschranke zugewandt ist, sieht man auf den beiden Reliefs Moses am brennenden Dornbusch und die Opferung Isaaks. Der lodernde Busch symbolisiert in der christlichen Exegese die jungfräuliche Geburt Christi, die Opferhandlung verweist auf Jesu Tod. Christlichem Glauben entsprechend wird auf einem der beiden kleineren Reliefs in Gestalt Samsons, der den Löwen bezwingt, die Überwindung des Todes durch Christus symbolisch vorweggenommen. Das Gegenstück zu dieser Gestühlwange zeigt die Jungfrau mit dem Einhorn. Das Bild meint Mariä Empfängnis und korrespondiert insofern wiederum mit der Dornbusch-Darstellung. Vielfältige inhaltliche Querverbindungen kennzeichnen auch die Wangenreliefs, die der neuzeitlich umgestalteten Altarmensa zugewandt sind. Wenn man frontal auf diese Reliefs blickt, ist links außen die Geschichte von Noah zu erkennen, der, nachdem die Sintflut zurückgegangen ist, als erster Wein anbaut, sich aus Unwissenheit betrinkt, nackt liegen bleibt und von seinem Sohn Ham verspottet wird, während dessen Brüder Sem und Jafet den Vater schamvoll bedecken. Auf der gegenüber liegenden Seite entwächst dem auf die Erde gebetteten Isai,

Die Vorderseite des Abtstuhls ist mit üppigem Rankwerk geschmückt. – Die Schnitzereien an den Wangen des Chorgestühls schildern Szenen aus dem Alten Testament. (folgende Seiten) ◊ The front of the abbot's stall is richly decorated with leaves and tendrils. – The carving on the ends of the choirstalls depicts scenes from the Old Testament. (following pages) ◊ L'avant de la chaire de l'abbé est décoré avec des ornements abondants. – Les ouvrages sculptés sur les parties latérales des stalles décrivent des scènes de l'Ancien Testament (pages suivantes).

Die Madonna in einer Nische der Laienkirche und die nur noch in Fragmenten erhaltenen Figuren des Hochaltars (rechts) werden dem Umkreis der Parler zugeschrieben. ◊ The Madonna in a niche in the lay church and the remaining fragments of figures from the high altar are attributed to the Parler family. ◊ La Vierge dans une niche de l'église des convers et les sculptures du maître-autel, dont seuls des fragments sont conservés (à droite), sont attribués à l'entourage des Parler.

lat. Jesse, die Wurzel, die sich doppelt, wie zu einer Acht, verschlingt und die dabei die Gottesmutter umrankt. Die beiden niedrigen Stirnwangen schildern links Davids Tanz vor der Bundeslade, eine Vorausdeutung auf Maria, und rechts das Opfer Kains und Abels als Symbol der Eucharistie. Auch die Schnitzereien des Dreisitzes im Chor der Klosterkirche sind ikonographisch mit den Motiven des Chorgestühls verbunden.

Die hierarchische Aufteilung der Kirche – hier Konversen, dort Mönche – ist auch an den Schlusssteinen der Mittelschiffgewölbe abzulesen. Die Schlusssteine über der Laienkirche versinnbildlichen allgemeine christliche Glaubensinhalte: Das Einhorn verkörpert die Jungfräulichkeit Mariens, der Phönix die Auferstehung, der Hirsch das Sakrament der Taufe. Über dem Lettner wechseln Typ und Darstellungsinhalt der Schlusssteine. Von hier an beziehen sich die Motive auf die Passion Christi, bis dann über dem Altarraum noch einmal Maria mit dem Jesus-Knaben zu sehen ist. Allerdings besteht der Schluss„stein" an dieser Stelle aus einer runden bemalten Holzscheibe. Sie entstand um 1510, ist also fast ein Jahrhundert jünger als die Malereien in den umliegenden Gewölbefeldern, von denen jedes ein Evangelistensymbol enthält – den Engel für Matthäus, den Stier für Lukas, den Löwen für Markus und den Adler für Johannes.

Die Thronende Madonna (Seite 34) entstand um 1300 und ist wohl das Werk eines Kölner Meisters. ◊ The enthroned Madonna (page 34) dates from around 1300 and is most probably the work of a master craftsman from Cologne. ◊ La Vierge sur le trône (page 34) a son origine vers 1300, elle est probablement l'œuvre d'un artisan de Cologne.

Etwa zur gleichen Zeit, 1424, malte der Konverse Bruder Ulrich (Ulricus) die großen Wandbilder im Vierungsjoch, dem Abschnitt des Mittelschiffs, der sich mit dem Querhaus kreuzt. Auch hier sind die Bildinhalte anspielungsreich miteinander verquickt. Auf der südlichen Mittelschiffswand, rechts vom Hauptaltar, geht es um die Stiftung Maulbronns: Bischof Gunther von Speyer und der Ritter Walter von Lomersheim bringen der

Die Schlusssteine in den Gewölben geben zumeist Hinweise auf das biblische Geschehen. ◊ The keystones in the vaulted ceilings have mostly biblical motives. ◊ Les clefs de voûte renvoient le plus souvent à des scènes bibliques.

Madonna die Klosterkirche dar; simultan dazu wird der Ritter als Mönch eingekleidet. Dieser geschichtliche Vorgang wird nun auf dem gegenüberliegenden Bild in einen biblischen Zusammenhang eingeordnet. Wieder sieht man Maria, diesmal jedoch ungekrönt, wieder hält sie den, jetzt sichtbar kindlicheren, Gottessohn. Ihm huldigen die Drei Könige, deren Gaben wiederum als Analogie zu den Schenkungen zu sehen sind, welche die Maulbronner Klostergründung ermöglichten.

Die Bildunterschriften hat vermutlich der 1428 verstorbene Abt Albrecht von Ötisheim verfasst, der hier wohl Einflüsse aus seiner Studienzeit an der Prager Universität verarbeitete. Nach Prag weisen auch die Fragmente des 1394 geweihten, möglicherweise im Dreißigjährigen Krieg schwer beschädigten Hochaltars, die sich jetzt in einem geometrisch schlichten Rahmen präsentieren. Sie werden einer Werkstatt der Parler zugeschrieben. Die Mitglieder dieser Künstler- und Architektenfamilie waren in Schwäbisch Gmünd, Prag, Köln, Brünn, vielleicht auch Mailand tätig und haben wesentlich zur Entwicklung der spätgotischen Architektur und Plastik beigetragen. Die beiden noch erhaltenen herb-realistischen Szenen in Maulbronn erzählen von der Kreuzannagelung und der Beweinung des gepeinigten Christus; dazwischen stehen zwei Figurengruppen: Reste einer Kreuzigung. Aus dem gleichen künstlerischen Umfeld kommt die Madonna, die einmal zu einem Dreikönigsaltar gehörte und die in einer in den Marienfarben Rot und Blau ausgemalten, vergitterten Nische des südlichen Altarbaldachins der Laienkirche platziert ist. Die große Maulbronner Madonna an der Nordseite des Chores hingegen wurde rund ein Jahrhundert früher, um 1300, wahrscheinlich von einem Kölner Meister gefertigt. Sie wird umgeben von einer erst 1935/36 freigelegten, später restaurierten Wandmalerei, dem Engelskonzert, mit dem die plastische Darstellung Marias als Himmelskönigin abgerundet wird.

Die Totenpforte (Seite 36) war das Tor zum Friedhof. ◊ The „door of the dead“ (p. 36) led to the cemetery. It was opened only when a monk was carried through for burial. ◊ La porte des morts (page 36) était la porte menant au cimetière.

Vom Chor aus sind es nur wenige Schritte bis zur einzigen Tür des Klosters, die für alle Mönche bestimmt war: die Totenpforte, die auf den ehemaligen Friedhof hinausführte. Die beiden übrigen Ausgänge am Ostende der Kirche durften ausschließlich die Herrenmönche benutzen. Da ist zum

Blick durch den Ostflügel des Kreuzgangs. ◊ View through the east wing of the cloisters. ◊ Vue à travers l'aile est du cloître.

Relief eines kleinen Drachens im Laienrefektorium. ◊ Relief of a little dragon in the lay refectory. ◊ Relief d'un petit dragon dans le réfectoire des convers.

einen der Treppenaufgang zum Dormitorium, dem Schlafsaal der Mönche. Sie gelangten über die Stiegen rasch in die Kirche, um dort ihre nächtlichen Stundengebete zu verrichten. Zum anderen ist da die Pforte zum Kreuzgang, dessen Ost- und Südflügel man von dieser Stelle aus betritt. Im Süden lehnt er sich an das Kirchenschiff an. Hervorstechendes Merkmal sind hier die Dienste (Stützsäulen) entlang der Innenwand des Kreuzgangs. Sie reichen nicht bis zum Boden, sondern werden von Konsolen aufgefangen.

Der Ostflügel des Kreuzgangs übernimmt eine Art Verteilerfunktion. Von hier aus ist der Klausurgarten zugänglich, von hier aus geht es in den Kapitelsaal und in ein Gebäude, von dem man annimmt, dass es im Erdgeschoss als Parlatorium und im ersten Stockwerk als Bibliothek genutzt wurde. Hinten (rechts vom Nordende des Kreuzgangflügels) führt zudem ein zweiter Aufgang, die so genannte Höllentreppe, in den Schlafsaal der Herrenmönche, der im 19. Jahrhundert durch Umbauten für das evangelische Seminar stark verändert wurde. Der Dorment, wie der lange Schlafraum in der Sprache der Mönche heißt, erstreckt sich auch über den Kapitelsaal. Dieser war für das Klosterleben von zentraler Bedeutung, denn er diente den Brüdern als täglicher Versammlungsort. Auf Bänken oder anderen Sitzgelegenheiten verfolgten sie die Lesung aus der Bibel oder aus der Ordensregel. Gelesen wurde ein Abschnitt, ein Kapitel, dieser Texte – daher der Name des Saales, in dem nicht zuletzt Beratungen abgehalten oder Verfehlungen geahndet wurden. Der Kapitelsaal war – nach der Klosterkirche – der zweitwichtigste Ort in einer Klausur der Zisterzienser. Zwischen beiden, also zwischen Kirche und Saal, liegt das Armarium, eine kleine Kammer, in der die liturgischen Bücher aufbewahrt wurden.

Die Sonderstellung des Kapitelsaals wird über die Architektur akzentuiert. In Maulbronn ist der Saal durch drei große Maßwerkfenster und durch ein

Die so genannte Höllentreppe führte früher in den Schlafsaal der Herrenmönche. ◊ The so-called „Hell's Staircase" led formerly to the monks' dormitories. ◊ L'escalier qu'on appelle „escalier de l'enfer" menait autrefois dans le dortoir des moines.

Der Südflügel des Kreuzgangs trägt die Handschrift des Paradies-Baumeisters. Hier haben die Fenster noch keine Maßwerkverzierungen. ◊ The south wing of the cloisters shows the hand of the same master-craftsman as the Paradise. The windows of this period have no tracery work. ◊ L'aile sud du cloître porte la signature de l'architecte du narthex. Ici les fenêtres ne sont pas encore ornées de meneaux gothiques.

Doppelportal zum Kreuzgang hin geöffnet. Die Mittelsäule des doppelbögigen Durchgangs wird von einem Kapitell mit acht Adlern gekrönt. Ähnliche Gestaltungen finden sich an der Pfalz in Gelnhausen und am Nordportal des Wormser Domes, und so könnte es sein, dass man auf diese älteren Vorbilder zurückgriff um daran zu erinnern, dass Rudolf I. von Habsburg am 15. Dezember 1273, wenige Wochen nach seiner Wahl und Krönung zum deutschen König, das Kloster unter seinen herrschaftlichen Schutz gestellt hatte. Im Innern des Kapitelsaales kehrt das Adlermotiv als Zeichen für den Apostel Johannes auf einem der Gewölbeschlusssteine wieder, die hier mannigfaltig differenziert sind: Neben den übrigen Evangelis-

Der Kapitelsaal ist durch seine zartgliedrige Architektur als zentraler Ort der Klausur hervorgehoben. – Die Gewölbe der Abts-Kapelle weisen noch reiche Malereien auf. ◊ The graceful architecture of the chapter house emphasises that this was the heart of the cloister. The vaulted ceiling of the abbot's chapel, is richly decorated with paintings. ◊ La salle capitulaire dont l'architecture gracile en fait l'endroit central de la clôture. – Les voûtes de la chapelle de l'abbé, présentent encore de riches peintures.

tensymbolen entdeckt man das Lamm Gottes, einen Engel mit Posaune und etliche Pflanzendarstellungen, von denen jede eine klare Botschaft enthält: Beifuß beispielsweise galt als Sinnbild für die Tugendhaftigkeit der Jungfrau Maria, und die Zaunrübe wurde als Mutter aller Pflanzen angesehen.

Die Schlusssteine markieren eine ungewöhnliche Gewölbeform: Hier treffen nicht wie sonst vier Rippen aufeinander, sondern lediglich drei. Der Kapitelsaal ist einer der ersten Räume, an denen diese Wölbform verwirklicht wurde; etwa zur gleichen Zeit entstand das Dreistrahlgewölbe unter dem Breisacher Münsterchor, mit dessen Bau man 1273 begonnen hat. Die mittlerweile stark veränderte Kapelle im rückwärtigen Teil des Kapitelsaales, das Johanneschörlein, nimmt dieses Schema nicht auf. Sie wurde über

Blick durch den Ost-Ern, der den Kreuzgang mit dem Parlatorium verbindet. ◊ View through the east passage which connects the cloisters with the Parlatorium. ◊ Vue à travers le couloir est, qui relie le cloître et le parloir.

Das Parlatorium war der einzige Ort innerhalb der Klausur, an dem die Mönche Gespräche führen durften. ◊ The Parlatorium was the only place within the cloister where the monks were permitted to converse with one another. ◊ Le parloir était le seul endroit au sein de la clôture, où il était permis aux moines d'avoir des entretiens.

fünf Seiten eines Achtecks errichtet. Eine völlig andere, auf den ersten Blick verwirrende Gewölbeform bietet das Erdgeschoss des Schrägbaus, der über einem breiten Gang gleich neben dem Kapitelsaal, den Ost-Ern, zu erreichen ist. Dieser Bau wurde 1493, also bereits an der Wende zur Neuzeit, von dem Maulbronner Konversen Konrad von Schmie mit der hochgradig verfeinerten Kunstfertigkeit gestaltet, die für die Epoche typisch war: Die Gewölbestreben überschneiden sich in extrem spitzen und stumpfen Winkeln, so dass der Eindruck eines geometrisch exakten, gleichwohl im Einzelnen nicht zu entwirrenden Netzes entsteht. Außer vom Kreuzgang war der Schrägbau vom Herrenhaus (dem heutigen Ephorat) zugänglich, in des-

sen Untergeschoss die ehemalige Infirmerie, das Krankenhaus des Klosters, untergebracht war. Im Obergeschoss des Schrägbaus befand sich das Oratorium als Ort des Gebets und unter ihm das Parlatorium als Wandelgang, in dem sich die Mönche unterhalten durften. Neueren Forschungen zufolge diente die obere Etage als Lese- und Studiensaal für die Bibliothek des damals amtierenden Abtes Johannes VI. Burrus, während das Erdgeschoss mit seinem raffinierten, quasi tonnenförmigen Netzgewölbe als Marienkapelle gedeutet wird.

◊

Einen Beleg für diese These sieht man an der Stirnseite des Raumes. Sie ist zu Teilen von einem Wandgemälde überzogen. Es zeigt Maria mit dem Kind. Zwei heilige Äbte huldigen ihnen: rechts wahrscheinlich Benedikt von Nursia, links der charismatisch-einflussreiche, von seiner körperlichen Verfassung schmächtige und doch so mächtige Zisterzienserabt Bernhard von Clairvaux. Das nachträglich hinzugefügte württembergische Herzogswappen ist ein Zeugnis der kriegerischen Konflikte, in die Maulbronn ab

Wenn die große Magnolie blüht, wird der Kreuzganggarten gerne zum stillen Studium oder zu lässiger Entspannung genutzt. ◊ When the big magnolia is in bloom the garden within the cloisters is a pleasant place for quiet study or relaxation. ◊ Quand le grand magnolier fleurit, le jardin du cloitre est volontairement utilisé pour des études silencieuses ou pour une détente insouciante.

Das Brunnenhaus von oben, so wie es kein Besucher zu sehen bekommt. ◊ View of the well house from above. ◊ Le pavillon de la fontaine vu d'en haut, tel qu'aucun visiteur n'a l'occasion de le voir.

1460 geraten war und die mehr und mehr eskalieren sollten. Kurfürst Friedrich I. von der Pfalz und sein Nachfolger Philipp hatten das Kloster zur Festung ausgebaut. 1504 eroberte Herzog Ulrich von Württemberg Maulbronn samt der dazugehörigen Höfe und Dörfer. Im gleichen Jahr wurde er von Kaiser Maximilian I. als Rechtsnachfolger der Kurfürsten bestätigt, die mit dem Schutz des Klosters betraut und somit Nutznießer bestimmter rechtlicher Ansprüche gewesen waren. Das Wappen ist Ausdruck des Machtwechsels.

Vom Schrägbau, dessen Zugang zum Herrenhaus für Besucher geschlossen ist, kehrt man zurück in den Kreuzgang. Vorbei an der Höllentreppe kommt man bald – jetzt bereits im Nordflügel – zu einem Durchlass. Hinter ihm

Sonnen„blumen“ auf Sandstein. ◊ Sun„flowers“ in sandstone. ◊ Des fleurs ensoleillées sur le grès.

liegt ein Raum, der vielleicht einmal als Waschküche Verwendung fand. Hier bricht die Moderne in die mittelalterliche Stimmung der Klausur ein, denn dieser gotisch überwölbte Bereich ist nach außen hin großflächig verglast, so dass der Blick auf die Rückseite der rohen Betontreppe fällt, die vom Klosterareal zum Eingang des evangelischen Seminars hinaufführt. Neben diesem Raum befindet sich (vom Kreuzgang aus gesehen) links das Heizgewölbe. Es wurde während der Kälteperiode mit Holz befeuert. Die Heißluft entwich durch Öffnungen im Gewölbe in eine Schicht aus Speichersteinen und von dort in das Kalefaktorium, den einzigen Raum im Kloster, der durch eine fest installierte Anlage beheizt wurde. Hier wärmten sich die Mönche auf, wenn sie bei Außenarbeiten nass wurden, und hier wurden die Tätigkeiten verrichtet, für die höhere Temperaturen notwendig waren: das Einfetten der Schuhe, das Vorbereiten von Pergament und Tinte für Schreibarbeiten. Rechts von der vermeintlichen Waschküche erstreckt sich die Frateria, die zweigeteilt ist. Das Bild eines Geißelchristus an der Ostseite gab Anlass zu der Vermutung, dass die kleinere Hälfte der Frateria als Flagellatorium (Geißelkammer) diente, in welchem die Mönche ihre Bußübungen vollzogen. Der größere Raum, das Auditorium, ist aufwändig mit den Darstellungen von Kirchenlehrern und antiken Philosophen bemalt. Über die ehemalige Nutzung dieses Teils der Bruderhalle gehen die Meinungen auseinander: Denkbar, dass er als Bibliothek, denkbar aber auch, dass er als Studienraum oder Scriptorium in Gebrauch war.

Wieder im Kreuzgang, öffnen sich bald die Zugänge zu Räumlichkeiten, die allein schon durch ihre gelungene Gestaltung auffallen. Dieser Trakt der Klausur war weitgehend körperlichen Belangen vorbehalten. Da ist

Nächste Seite: Hochgotisches Maßwerkfenster im Nordflügel des Kreuzganges, gleich neben dem Brunnenhaus. ◊ Next page: High Gothic traceried window in the north wing of the cloisters, next to the well house. ◊ Prochaine page : une fenêtre avec des meneaux gothiques dans l'aile nord du cloître, directement à côté du pavillon de la fontaine.

Das Brunnenhaus. Es ist zu einem Wahrzeichen des Klosters geworden. ◊ The well house. It has become the emblem of the monastery. ◊ Le pavillon de la fontaine. Il est devenu un symbole du monastère.

Die Malerei in einem der Gewölbezwickel erinnert an die Gründungslegende. Der Spruch rund um den Schlussstein lautet auf Deutsch: „Im Jahr des Herrn 1511 gruben sie im Talgrund, sie fanden lebendiges Wasser.“ (1. Mose 26). ◊ The paintings in one of the spandrels in the vaulting relate to the legend of the founding of the monastery. The words around the keystone are in part a quotation from the Book of Genesis 26.19. „In the year of the Lord 1511 they digged in the valley and found a well of springing water.“ ◊ La peinture sur l'un des pendants de la voûte fait penser à la légende de la fondation du monastère. Le passage autour de la clef de voûte s'exprime ainsi en français : „Dans l'an du Seigneur 1511 ils vinrent lui parler du puits qu'ils creusaient, et lui dirent : Nous avons trouvé de l'eau.“ (1. Moïse 26)

zunächst das Brunnenhaus. Es wurde zu einer Art Wahrzeichen des Klosters, obwohl der markante Brunnen in seiner Mitte keineswegs den originalen Zustand wiedergibt: Die mittlere Schale wurde, ebenso wie die steinerne Brunnensäule, 1878 zugefügt. Zur Bekrönung nahm man den spätgotischen Aufsatz eines Brunnens außerhalb der Klausur. Auch die Rötelmalerei in einem der Gewölbezwickel ist neueren Datums, sie stammt aus dem 16. Jahrhundert. Das lässt sich bereits an ihren Motiven wahrnehmen, denn sie zeigt in Anspielung auf die Gründungslegende ein schwer beladenes Maultier an einem Brunnen. Ein solches Bild widerspricht den Gestaltungsregeln des Ordens: Figürliche Darstellungen waren verboten. Die Malerei trägt die Handschrift des Künstlers Jerg Ratgeb, der aktiv auf Seiten der Aufständischen am Bauernkrieg mitwirkte und der nach seiner Gefangennahme 1526 in Pforzheim gevierteilt wurde.

Wasser hatte für die Zisterzienser hygienische, ökonomische, symbolische und spirituelle Bedeutung. Im Brunnenhaus nahmen die Mönche ihre Waschungen vor, hier wurde ihnen die Tonsur geschnitten – daher die Bezeichnungen Lavatorium und Tonsorium, die von den lateinischen Begriffen für diese Tätigkeiten abgeleitet sind. Freilich öffnet sich im klösterlichen Leben selbst hinter banalen Verrichtungen die Welt des Glaubens.

Ein Brunnen ist deshalb nicht allein Wasserspender und Waschgelegenheit, er hat auch eine religiöse Dimension, ist Symbol für das Leben und steht damit nach christlichem Verständnis für die Unsterblichkeit des Menschen. Der gesamte Tagesablauf der Mönche war auf die Verinnerlichung dieser Weltsicht ausgerichtet – von den liturgischen Gebeten bis hin zur Nahrungsaufnahme: Gegenüber dem Brunnenhaus liegt, wie in allen Zisterzienserklöstern, das Herrenrefektorium, der Speisesaal der Mönche. Dort sind in einer rundbogengekrönten Nische die Reste einer Wendeltreppe erhalten. Auf ihrem Abschluss stand eine Lesekanzel. Von hier aus hielt ein Pater während der Mahlzeiten die „Lesung bei Tisch", die lectio mensae. Sie war in der – für die Zisterzienser verbindlichen – Benediktinerregel vorgeschrieben und sollte verhindern, dass sich die Mönche statt auf Gott zu sehr auf das Essen, den Genuss oder auf ihren Körper konzentrieren; „denn nicht bloß mit dem Munde sollt ihr Nahrung zu euch nehmen, sondern auch eure Ohren sollen hungrig sein nach dem Wort Gottes," fordert etwa der hl. Augustin.

Das Herrenrefektorium, ein Werk des Paradiesmeisters, ist wohl der eindrucksvollste Raum der Klausur. Sieben Säulen gliedern den Saal. Drei von ihnen sind dicker als die übrigen. Sie tragen die Gurtbogen, die quer zu den Längswänden liegen und den Raum in vier rechteckige Segmente einteilen, und sie tragen die Scheidbogen, die alle Säulen in der Längsrichtung miteinander verbinden, so dass sich nun insgesamt acht Felder ergeben, die von Gewölben überspannt werden. Die Kreuzrippen, die diese Gewölbe stützen, nehmen ihren Anfang ebenfalls an den Säulen. Die Widerlager der Kreuzrippen befinden sich an den Außenwänden der hohen, hellen Halle und weisen eine augenfällige Parallele zu einem architektonischen Detail des Südgangs auf: Wie dort wird die Last der Gewölbe nicht in Pfeiler, sondern über kleine Konsolen direkt in die Wand abgeleitet. Bei aller würdevollen Eleganz, die das Herrenrefektorium ausstrahlt, bleibt doch seine Gestaltung schlicht. Wie überall im Kloster ist der Fußboden schmucklos

Die Kämpfer (Widerlager der Gewölbebögen) im Westflügel des Kreuzgangs erzählen von Vögeln, die an Schoten picken, vom Löwen, der mit dem Lindwurm ringt und wahren die Erinnerung an den Prior Walther. Das Herrenrefektorium, der Speisesaal der Mönche, zeichnet sich durch harmonische Proportionen und großartige Klarheit aus. ◊ The imposts (supports for the arches) in the west wing of the cloisters show birds pecking at seed pods, a lion wrestling with a dragon, and perpetuate the memory of Prior Walther. The refectory, the monks' dining hall, displays harmonious proportions and a wonderful clarity. ◊ Les sommiers (les culées des arcs de voûte) dans l'aile ouest du cloître montrent des oiseaux qui picotent des petits pois, un lion qui lutte contre le dragon et conservent le souvenir du prieur Walther. Le réfectoire des moines, leur salle à manger, est caractérisé par des proportions harmonieuses et une magnifique clarté.

und entspricht damit einem Erlass, den das Generalkapitel als oberste Instanz des Ordens 1148 verabschiedete und 1218 bestätigte: Farbige oder sonst wie reich dekorierte Böden waren verboten. Zuwiderhandlungen hatten die strikte Aufforderung des Generalkapitels zur Folge, den Belag herauszureißen.

Angesichts der nachgerade majestätischen Klarheit des Maulbronner Herrenrefektoriums stechen die Ausschmückungen in den Gewölbezwickeln umso mehr ins Auge. Sie sind jüngeren Datums. 1517 wurde das Bildnis gegenüber der Lesenische gemalt. Es zeigt einen Mann mit federverzierter Haube und wurde früher als Selbstporträt des Künstlers Jerg Ratgeb gedeutet. Inzwischen geht man davon aus, dass es sich um Herzog Ulrich von Württemberg handelt, der Maulbronn dreizehn Jahre zuvor seinem Machtbereich unterworfen hatte. Weitere Malereien von 1609 verweisen gleichfalls auf das württembergische Herrscherhaus und seinen burgundischen Besitz, die Grafschaft Mömpelgard (Montbéliard). Aus dem Hochmittelalter hingegen hat sich die Inschrift auf einer Konsole über dem Haupteingang zum Refektorium erhalten, wobei man nicht genau weiß, ob da die Initialen eines Spruches oder eine Abfolge von Steinmetzzeichen eingemeißelt wurden.

Der Durchgang eröffnet den Weg zurück in den Kreuzgang. Von hier gelangt man – vorbei an der ehemaligem Klosterküche, die später zur Küche des Seminars umgebaut wurde – in den letzten großen Gebäudeteil des Klosters, in das Laienrefektorium. Hier aßen die Konversen, die wegen der körperlichen Arbeit, die sie auf den Ackerhöfen zu leisten hatten, für gewöhnlich zusätzliche Nahrungsrationen erhielten. Zwei gemauerte Ansätze für Wandschränke links neben dem Zugang erinnern noch an die einstige Nutzung; in ihnen haben die Laienmönche vermutlich ihr Geschirr aufbewahrt. Das Laienrefektorium wurde zwischen 1201 und 1210 errichtet und kurz nach 1500 umgestaltet. Der heutige Zustand der zweischiffigen Halle, in der zeitweise die Schülerspeisung des evangelischen Seminars untergebracht war, ist stark durch Rekonstruktions- und Renovierungsmaßnahmen des 19. Jahrhunderts bestimmt. Die Doppelsäulen sind Kopien, die Gewölbe Neuschöpfungen. Über ihnen, im Laiendorment, hatten die Konversen ihr hartes Schlaflager. Die erheblich veränderten Räumlichkeiten weisen nur noch wenige originale Elemente auf, darunter ein Fenstergewände, das über und über mit Schriftzeichen bedeckt ist, weil es die Laienbrüder für Schreibübungen verwendeten.

Das Laiendormitorium ist Teil des Seminars und der heutigen Winterkirche; es ist für Klosterbesucher nicht zugänglich. Aber man kann zumindest den Eingang zum Schlafsaal der Konversen besichtigen. Er ist als Kalen-

Das Laienrefektorium war der Speisesaal der Konversen. Das heutige Kreuzgratgewölbe wurde 1869/70 eingezogen. ◊ The lay brothers' refectory was the dining hall of the conversi. The present cross-vaulting was built in 1869/70. ◊ Le réfectoire des convers était la salle à manger des convers. L'actuelle voûte d'arêtes fut munie d'un plafond en 1869/70.

Von der Klausur aus wirkt der Klosterhof, selbst wenn er kaum bevölkert ist, geschäftig. Links: Maßwerkfenster im Ostflügel des Kreuzgangs. ◊ Viewed from the cloister the monastery courtyard seems busy even when almost deserted. Left: a traceried window in the east wing of the cloisters. ◊ À partir de la clôture la cour du monastère semble animée, même si elle n'est guère peuplée. À gauche : fenêtre avec des meneaux gothiques dans l'aile est du cloitre.

derportal bekannt und lässt sich über eine Treppe außerhalb der Klausur erreichen. Man hat das Edelstahldrehkreuz passiert, hat den Ern hinter sich gelassen und wendet sich nun nach rechts. Ein neuzeitliches Stiegenhaus führt zu dem verschlossenem Portal, dessen massige Laibung mit Sternen, Rädern und allerlei Zeichen sparsam ornamentiert ist. Am Rand: ein stilisierter Mensch, der (als Krone?) zwei Kreuze auf dem Kopf trägt – geheimnisvoller Bote eines Zeitalters, dessen Widersprüche, Herausforderungen, Unsicherheiten die Zisterzienser zu meistern versuchten, indem sie sich, wenigstens in den ersten Jahrzehnten ihres mönchischen Wirkens, einem rigorosen christlichen Armutsideal verpflichteten und einer strengen Selbstorganisation unterwarfen.

TRÄNEN UND SELBSTBEHAUPTUNG

Die Zisterzienser und ihre Zeit in Maulbronn

Die Geschichte von Maulbronn beginnt mitten in der Zeit der Kreuzzüge. Mit einem Fehlschlag. Nicht einmal zehn Jahre war es her, da hatte Walter von Lomersheim mit kirchlicher Hilfe unweit vom heutigen Mühlacker den kleinen Zisterzienserkonvent Eckenweiher gegründet. Unter Tränen hatte er den Abt des Klosters Neuburg angefleht, er möge doch einige Glaubensbrüder nach Eckenweiher entsenden. Das muss 1138 oder 1139 gewesen sein. Aber jetzt, nach einem knappen Jahrzehnt, hat sich der Ort angeblich wegen Wassermangels als offenbar völlig unbrauchbar erwiesen. So jedenfalls vermerkt es ein Dokument aus dem Jahr 1148. Es gilt als die Gründungsurkunde von Maulbronn.

Der neue Standort stand im Ruf gefährlich zu sein. Eine verwilderte Gegend. Straßenräuber, die hier ihr Unwesen trieben. Von derlei Hindernissen ließen sich die Zisterzienser nicht beirren. Auch die Gründung des Ordens im burgundischen Cîteaux, wo man sich gegen die reichen Benediktiner abgrenzen wollte, war ja nicht ohne Schwierigkeiten vonstatten gegangen. Am Palmsonntag des Jahres 1098 hatten Robert von Molesme und eine Gruppe von Mönchen südlich von Dijon ein neues Kloster bezogen. Ein paar Hütten in einer Einöde, deren lateinische Bezeichnung Cistercium sich möglicherweise von einem alten Meilenstein an der Römerstraße ableitet: cis tertium lapidem miliarum, diesseits des dritten Meilensteins. Bald kamen weitere Neugründungen hinzu, darunter Morimond, das zu Beginn des 12. Jahrhunderts an der Grenze zum Heiligen Römischen Reich deutscher Nation lag. Von hier gingen 28 so genannte Filiationen aus, die ihrerseits wiederum vielfache Klostergründungen nach sich zogen, Neuburg mit eingeschlossen – eben jenes Kloster, in dem Walter von Lomersheim seinen tränenreichen Auftritt haben und um die Entsendung eines Abtes nebst zwölf Mönchen und einigen Konversen bitten sollte. Das war der Anfang von Eckenweiher und damit von Maulbronn.

Lichtperlen leuchten vor dem Paradies. ◊ Droplets of water sparkle against the background of the Paradise. ◊ Des perles de lumière brillent devant le narthex.

Der Zuspruch, den die Zisterzienser fanden, war enorm. Rund ein halbes Jahrhundert nach den Anfängen in Burgund verfügte der Orden europaweit bereits über 333 Klöster. Dabei waren die Gebote, denen sich die Fratres zu unterwerfen hatten, dermaßen strikt, dass sie Satiriker zu lästerlichen Versen reizten: „Morgens gibt es Wasser aus vollen Kübeln, als köstliche Gabe reicht man uns Zwiebeln," reimte ein gewisser Paganus Bolotinus. Ihre asketische Lebensführung und die bewusst ärmliche Ausstattung brachten den Zisterziensern den Namen weiße (oder graue) Mönche ein, denn der grobe Wollstoff, aus dem ihr Habit geschneidert wurde, durfte nicht gefärbt sein. Generell war alles untersagt, was das körperliche Wohlbefinden förderte.

◊

Als mit Eugen III. ein ehemaliger Zisterzienserabt das Pontifikat antritt, werden am 29. März 1148 die umfassenden Rechte des Klosters Maulbronn ausdrücklich bestätigt. Damit hatte der Speyerer Bischof Gunther von Hen-

Oben und nebenstehende Seite: Impressionen eines Sommertages in Maulbronn. ◊ Above and opposite page: impressions of a summer's day in Maulbronn. ◊ En haut et page ci-contre : Impressions d'une journée d'été à Maulbronn.

neberg, ein Freund und Förderer Maulbronns, Rückendeckung aus Rom. Er brachte Hirsau, bislang die mächtigste Abtei Südwestdeutschlands, dazu, das Areal, auf dem das neue Kloster gebaut worden war, abzutreten, und leitete weitere existenzsichernde Maßnahmen, wie etwa großzügige Schenkungen, in die Wege. Die Mönche wussten die Unterstützung gut zu nutzen. Durch kluge Organisation, durch eine auf Sparsamkeit ausgerichtete Lebensweise und dank der fachlichen Kompetenz vieler Laienbrüder wurden hohe Überschüsse an landwirtschaftlichen Produkten erzielt. Sie halfen unter anderem über Hungersnöte hinweg, von denen die mittelalterliche Gesellschaft oft genug heimgesucht wurde.

◊

Neben der stringenten Ökonomie begünstigte auch die Nähe zur weltlichen Macht den Aufstieg der Zisterzienser, zumal der Speyerer Bischof ein Parteigänger der Staufer war. Deren Wohlwollen erreichte mithin auch Maulbronn, war aber nicht immer von Vorteil. Als Friedrich I. Barbarossa mit

Papst Alexander III. im Streit lag, sahen sich einige Adelige der Umgebung ermuntert, ungerechtfertigte Forderungen zu stellen. Die Maulbronner Mönche fühlten sich wohl dermaßen bedrängt, dass sie sich nur durch Urkundenfälschung zu helfen wussten: An den Speyerer Bischof Konrad II., der seit 1176 im Amt war, erging ein angebliches Diplom Barbarossas, in welchem der Kaiser länger schon bestehende Rechte des Klosters Maulbronn bestätigte. Solche pseudojuristischen „Nachbesserungen" kamen gelegentlich vor, wenn es darum ging, die Unabhängigkeit des Klosters zu wah-

Abendstille überall – und mancher genießt die letzten wärmenden Strahlen der Sonne. ◊ In the stillness of the evening, the last warm rays of sunlight. ◊ Le silence du soir partout – et mainte personne savoure la chaleur des derniers rayons de soleil.

ren. So sind denn auch die beiden derzeit bekannten Urkunden, in denen das Gründungsdatum 1147 ausdrücklich erwähnt wird, nicht echt: Eine stammt aus dem späten 12. Jahrhundert, die andere wurde um 1270 verfasst.

Damals, rund zwei Jahrzehnte nach dem Ende des Stauferreiches, begann für Maulbronn eine Phase neuer Selbstbehauptung. Das Interregnum zwischen dem Tod des Staufers Konrad IV. (1254) und der Wahl Rudolfs I. von Habsburg zum deutschen König (1273) hatte für Maulbronn unsichere Machtverhältnisse und eine schwere Wirtschaftskrise nach sich gezogen. Bereits 1257 war von einer „unerträglichen Schuldenlast" die Rede gewesen. Ende des 13. Jahrhunderts setzte nun in Maulbronn eine fortschreitende Besserung ein, die nicht zuletzt in mannigfachen Baumaßnahmen zum Ausdruck kam. Freilich finden sich auch in der Folgezeit Hinweise auf finanzielle Probleme. 1282 musste sogar das Patronat über Schöntal an der

Jagst, neben Bronnbach an der Tauber eines der beiden Maulbronner Tochterklöster, aufgegeben werden. Und doch stand Maulbronn im Spätmittelalter vergleichsweise gut da – trotz wiederkehrender Kriege, Missernten, Hungersnöte. Ihre schlimmste Erschütterung erfuhr die Epoche durch die große Pestepidemie, die zwischen 1347 und 1352 schätzungsweise 25 Millionen Menschen das Leben kostete – rund ein Drittel der damaligen Bevölkerung Europas. Während andere Abteien in dieser Zeit mit massiven Schwierigkeiten zu kämpfen hatten, festigte Maulbronn seine ökonomischen Grundlagen. Man kaufte das hoch verschuldete Kloster Herrenalb, erwarb Weinberge in Gindertsbach mitsamt dem halben Dorf und ging auch sonst zielstrebig daran, den eigenen Besitz auszubauen.

Diese Maßnahmen standen im Zusammenhang mit einer fortschreitenden Änderung der Wirtschaftsform. Ein wesentlicher Punkt, in dem sich die Reformmönche von Cîteaux gegen die Benediktiner abgegrenzt hatten, war das Arbeitsgebot. Ein Kloster sollte seinen materiellen Bedarf durch Eigenleistung decken. Schenkungen ließ man sich gerne gefallen, verpönt indes waren Einkünfte aus Pacht, Zins oder anderen Abgaben. Dieser reinen Lehre folgte im Spätmittelalter niemand mehr. Überhaupt hatten sich die Zisterzen in ihrer Praxis so stark an die Gepflogenheiten der übrigen Klostergemeinschaften angeglichen, dass der Reformorden selbst reformbedürftig wurde. Als dann mit Benedikt XII. der zweite Zisterzienser an die Spitze des Vatikan trat, dauerte es nicht lange, bis der frisch gekürte Papst 1335 die Bulle Fulgens sicut Stella Matutina (Leuchtend wie der Morgenstern) erließ. Ihre Bestimmungen legten insbesondere die wirtschaftlichen Aktivitäten der Abteien bis ins Detail fest. Selbst die Anzahl der Schlösser an der

Kunstreich sind die Sockel der Säulen gestaltet. ◊ The bases of the columns are elaborately shaped. ◊ Les piédestaux des colonnes sont modelés avec beaucoup d'art.

Geldtruhe war genau vorgeschrieben: Vier mussten es sein, und zu jedem Schloss hatte ein anderer den jeweils passenden Schlüssel – der Abt, der Bursar, der Prior und ein Mönch.

Zu den Veränderungen, die das Zeitalter der Großen Pest für Maulbronn mit sich brachte, gehörte ein Wechsel der weltlichen Schutzmacht. 1360 gab das Haus Württemberg die Schirmherrschaft über das Kloster ab. Als Pfalzgraf Ruprecht das Schirmrecht über Maulbronn übernahm, veranlasste er den Bau der ersten urkundlich erwähnten Befestigungsanlagen. Weitere, wuchtigere sollten folgen, vor allem, nachdem König Siegmund, Sohn Karls IV., dem Kloster 1418 mitgeteilt hatte, dass er „durch andere gescheffte verhindert sey, es so zu bewaren, als im not were und er ouch gern tete." Die anderen Geschäfte: Das waren die Auseinandersetzungen mit den Hussiten, einer radikalen Reformbewegung in Böhmen. Ihren geistigen Führer, Jan Hus, hatte das Konstanzer Konzil 1415 zum Tod auf dem Scheiterhaufen verurteilt. Die Empörung seiner Anhänger wuchs sich zu einem verlustreichen Krieg aus. Es spricht für die bedeutende Rolle des Klosters Maulbronn, dass bei den Bemühungen um Ausgleich der damals amtierende Abt, Johann II. von Gelnhausen, als Vermittler hinzugezogen wurde.

Zu Beginn des 15. Jahrhunderts geht es Maulbronn hervorragend. Die Achtung, die den Äbten entgegengebracht wird, ist gewissermaßen der äußere Widerschein der guten inneren Verfassung des Zisterzienserkonvents. Man kann es sich leisten, das Langhaus der Klosterkirche mit Gewölben zu überspannen und andere Modernisierungen vorzunehmen – etwa den Umbau des Dorments oder die Verglasung des Kreuzgangs. Das alte Chorgestühl wird durch ein neues ersetzt. Seine üppige Ausschmückungen sind Belege dafür, wie sehr sich die spirituellen und intellektuellen Ansprüche des Ordens mittlerweile gewandelt hatten. Das arbeitsame Dasein in Abgeschiedenheit besaß nicht mehr oberste Priorität.

Doch so sehr das Kloster florierte, so gefährdet war es durch die machtpolitischen Absichten seiner Schutzherren. Der immer stärkere Ausbau der Wehranlagen durch die Kurfürsten von der Pfalz, provoziert die Württemberger. Ab 1460 kommt es wiederholt zu kriegerischen Auseinandersetzungen. 1504 marschieren die Württemberger gegen Maulbronn und plündern das Kloster samt seinem umliegenden Besitz. Das gewaltsame Vorgehen des gerade erst 17-jährigen Herzogs Ulrich von Württemberg findet allerdings durchlauchtigste Gnade. Knapp zwei Monate nach dem Überfall auf Maulbronn erteilt Maximilian I., der spätere Kaiser, dem mit ihm verbündeten blutjungen Herzog das Schutzrecht über das Kloster. 1512 verzichten die Kurpfälzer auf ihre Ansprüche gegenüber Maulbronn. Mit der klösterlichen Ruhe und Kontemplation ist es gleichwohl vorbei. Mehr und mehr werden

Das Kameralamt (vorne rechts) bildet heute den Abschluss des Wirtschaftshofs der Maulbronner Klosteranlage. ◊ The administration offices (front right) mark the outer limit of the household buildings of Maulbronn Monastery. ◊ L'ancienne gestion des finances (devant à droite) constitue aujourd'hui l'achèvement des communs du monastère de Maulbronn.

die Zisterzienser mit rapiden theologischen, gesellschaftlichen und politischen Umwälzungen konfrontiert. 1514 kommt es wegen der drückenden Steuerlast zu Aufständen der Volksbewegung „Armer Konrad", die Ulrich von Württemberg nur mit Mühe unter Kontrolle bringt. Dafür wird ihm ein Liebesverhältnis mit der Frau seines Stallmeisters Hans von Hutten zum Verhängnis. Der betrogene Ehemann nennt seinen Dienstherrn einen „treulosen, verräterischen Fleischbösewicht". Die Antwort des Herzogs: Mord. Im Mai 1515 metzelt er seinen Stallmeister auf einer Jagd nieder.

◊

Ulrich von Württemberg wird daraufhin unter kaiserliche Acht gestellt, und dieser Rechtsspruch wirkt auch auf Maulbronn zurück, denn jetzt wittern die Pfälzer ein Machtvakuum. Hinzu kommt die sich ausbreitende Reformation. Franz von Sickingen und Ulrich von Hutten, ein Verwandter des ermordeten Stallmeisters und als Dichter mit kaiserlichem Lorbeer geehrt, treten auf den Plan. Sie berufen sich auf die Lehren Luthers und wollen die Reformation mit Gewalt durchsetzen. Am 10. Mai 1519 brandschatzt Franz von Sickingen das Kloster. Sechs Jahre später – der Bauernkrieg ist ausgebrochen – erleidet Maulbronn noch schlimmere Verwüstungen. Zwar werden die Aufständischen besiegt, doch für die Zisterziensermönche hat das letzte Stündlein geschlagen, denn Ulrich von Württemberg, wieder in Gnaden, bekannte sich zu den Protestanten. 1537 verfügte der Abt von Cîteaux, dass Maulbronn angesichts der unsicheren Lage nach Pairis im Elsass zu verlegen sei.

◊

Nach einigem Hin und Her wurde 1556 in Maulbronn eine evangelische Klosterschule eingerichtet, und es residierte hier fortan ein protestantischer

Eingebettet in Natur – so stellten sich die Anfänge der Klostergemeinschaft im Tal der Salzach dar. ◊ Embedded in the countryside – the origins of the monastic community in the Salzach valley. ◊ Entourés par la nature – ainsi se présentaient les débuts de la communauté monastique dans la vallée de la Salzach.

Prälat. Für den Zisterzienserorden sollte es noch ein spätes Nachspiel geben. Als die Frage nach dem rechten Glauben zu einer Sache der Machtpolitik wurde und im Dreißigjährigen Krieg eskalierte, gelangte Maulbronn noch einmal auf die katholische Seite: 1630 zog ein neuer Abt in Maulbronn ein. Zwei Jahre später wurde er von den Schweden, die das Kloster besetzten, vertrieben, konnte zeitweise seine alte Position wieder einnehmen, musste sich weiter gegen Anfeindungen, Angriffe, Überfälle wehren und vermochte doch nicht zu verhindern, dass Maulbronn mit dem Westfälischen Frieden 1648 an Württemberg fiel und fortan ein Ort des Protestantismus blieb.

EIN FALSCHER DOCTOR, DIE DICHTER UND EINIGE DURCHREISENDE

Maulbronn und seine berühmten Namen

Berühmte Persönlichkeiten haben in Maulbronn gewirkt, mancher Schüler des Evangelischen Seminars hat es später zu Ruhm gebracht. Die Bekanntheit der Namen, die mit dem Kloster in Verbindung stehen, wechselt: Galt das romantisch inspirierte Interesse des 19. Jahrhunderts dem Arzt, Astrologen und Alchimisten (Johann) Georg Faust, dachte man später eher an Dichter wie Friedrich Hölderlin oder Justinus Kerner, so verbindet man heute oft zuerst den Namen Hermann Hesse mit dem ehemaligen Zisterzienserkloster. Wer sich für Naturwissenschaften interessiert, dem begegnet der Name des späteren Astronomen und Mathematikers Johannes Kepler, wer sich mit den Frauengestalten der Romantik befasst, der stößt auf das Grab von Caroline Schelling. Sie starb, während sie zusammen mit ihrem dritten Ehemann Friedrich Wilhelm von Schelling dessen Eltern in Maulbronn besuchte. Der Philosoph setzte der „Treuen Ewig Geliebten" ein Denkmal in Form eines Obelisken, das sich heute an der Südseite des Klosters befindet.

Nicht weit davon steht der so genannte Faustturm. Er erinnert an den angeblichen „Doctor" Faustus, der das Vorbild abgab für Johann Wolfgang Goethes Bühnenwerk. Der ehemalige mittelalterliche Wehrturm wurde 1604, bald nach dem Bau des Jagdschlosses Herzog Ludwigs von Württemberg, um einen auffälligen Zierfachwerkaufsatz erweitert, der fortan als intimes Refugium diente. Seither hieß dieser Teil der einstigen Befestigungsanlage Lustturm. Der heutige Name setzte sich erst um 1870 durch und geht zurück auf das rege Interesse der Goethe-Zeit am „Faust"-Stoff. Damals begann eine oftmals übersteigerte Suche nach Spuren der historischen Figur. Einige Indizien weisen nach Maulbronn. Insbesondere ein Äbteverzeichnis, das vermutlich um 1720 angelegt wurde, erwähnt den Namen des Nigromanten. Darin heißt es: „Johannes Entenfuß de Evisheim electus a[nn]o 1521, † d. 4ten Febr. 1525, iß Dr. Fausten deß Zauberers Collega gewesen, welcher diesen Abt zu Maulbronn besucht." Demnach soll Faust seinem „Kollegen", dem baufreudigen Abt Entenfuß, einen Besuch

Erinnerung an eine Legende: der Faust-Turm. ◊ Reminders of a legend: the Faust Tower. ◊ Souvenir d'une légende : la Tour de Faust.

im Kloster abgestattet haben. Ein wirklicher Beleg für einen Aufenthalt Fausts ist dieses Dokument nicht: Immerhin entstand das Äbteverzeichnis rund 200 Jahre nach dem Tod des Schwarzkünstlers. Doch selbst wenn Faust hier Station gemacht hätte, wäre immer noch ungewiss, welcher Tätigkeit er nachging und ob er wirklich Gold gemacht hat, wie behauptet wurde. Bis heute fehlt jede Quelle, die darüber verlässliche Auskunft gäbe.

Eindeutig ist die Faktenlage hingegen bei Johannes Kepler, dem zeitweise sogar ein ähnlicher Ruf vorauseilte wie Faust. Über diesen schrieb Philipp von Hutten, der 1534 mit einer Kaufmannsflotte Richtung Amerika aufgebrochen war, am 16. Januar 1540 aus Venezuela: Er, „der Philosophus Faustus", habe mit seinen Unglücks-Prophezeiungen Recht behalten. Astrologische Weissagungen standen am Beginn der Neuzeit mit ihren umwälzenden Veränderungen hoch im Kurs. Und so wurde auch der Name des jungen Kepler rasch bekannt, nachdem er im steirischen Landeskalender für das Jahr 1595 einen strengen Winter, den Einfall der Türken und Bauern-

unruhen in Österreich angekündigt hatte und diese Ereignisse auch eingetroffen waren. Gleichwohl lehnte Kepler die Astrologie ab, die er lediglich betrieb, um sein unregelmäßiges Einkommen aufzubessern. Keplers zentrales Interesse galt der „Physik des Himmels“, von der er in seinem Hauptwerk, der „Astronomia Nova“, spricht. Wesentliche Grundlagen für seine späteren Berechnungen und Erkenntnisse erhielt er in Maulbronn: Hier kam er als 15-Jähriger erstmals mit Trigonometrie und Arithmetik in Berührung. Wie sehr ihn das Weltall bereits als Kind beschäftigte, zeigt ein Tagebucheintrag aus dieser Zeit: Als sich am 3. März 1588 eine totale Mondfinsternis ereignet, vergleicht sie der Klosterschüler mit einer ähnlichen Mondfinsternis, die er als Neunjähriger beobachtet hatte. Studienziel Keplers war damals noch die Theologie. Erst nachdem er an der Universität Tübingen die philosophische Magisterwürde erworben und mit dem eigentlichen Theologiestudium begonnen hatte, kam die vollständige Hinwendung zur Naturwissenschaft.

Die Theologie war das Fernziel, auf das die Ausbildung des Maulbronner Lehrinstituts gerichtet war. Hier sollte der Nachwuchs an Pfarrern sichergestellt werden. Diese Zweckbestimmung hatte sich auch nicht geändert, als genau 200 Jahre nach Kepler Friedrich Hölderlin in das Internat aufgenommen wurde. Mit 14 hatte er urkundlich geloben müssen, dass er sich „auf keine andere Profession dann die Theologiam“ verlegen werde. Hölderlin war kaum sechs Monate in Maulbronn, da kamen ihm erste Zweifel, ob die frühe Festlegung richtig war. Die Beschäftigung mit Dichtern wie Friedrich Gottlieb Klopstock oder Christoph Martin Wieland wühlte den Jugendlichen dermaßen auf, dass er in den Osterferien 1787 offenbar die festgeschriebene Berufsentscheidung in Frage stellte. Ohne Erfolg. Seine Mutter, zweifach verwitwete Tochter aus altwürttembergischer Familie, schaffte es, ihn wieder auf die angestrebte Bahn zu bringen, denn, zurück im Kloster, schreibt ihr der brave Sohn, er sehe jetzt ein, dass man als Dorfpfarrer der Welt so nützlich und dabei noch glücklicher sein könne, „als wenn man, weis nicht was? wäre.“

„Des Frühlings holden, belebenden Blick“ hätte Goethes Faust auch im Kreuzganggarten von Maulbronn finden können. ◊ Goethe's Faust could have found „Spring's sweet and lively gaze“ in the cloister garden in Maulbronn. ◊ Le Faust de Goethe aurait pu aussi trouver dans le jardin du cloître de Maulbronn „des Frühlings holden, belebenden Blick“ (le sourire doux et vivifiant du printemps).

Im Tübinger Stift, das auch für Hölderlin die nächste planmäßige Ausbildungsstation nach Maulbronn war, hat er sich dann für das „weis nicht was?“ und für einen Weg entschieden, auf dem ihm einige der bedeutendsten und klangvollsten Dichtungen der deutschen Literatur gelingen werden. Dabei war Hölderlins psychische Existenz durchweg brüchig, gefährdet, bis es 1806 zum endgültigen Ausbruch seiner Geisteskrankheit kam. Frühe Anzeichen gab es schon in Maulbronn. Im Sommer des von Fragen und Identitätskrisen geprägten Jahres 1787 verfällt Hölderlin in depressive Zustände, die sich auch körperlich manifestieren: Seine Gesundheit wird zusehends schlechter. Überhaupt klagt er oft über Einsamkeit, wiewohl er unter den Mitschülern einige Freunde hat und ganz auf Louise Nast zählen darf: Die Tochter des Klosterverwalters wurde seine erste Liebe und hat ihn anscheinend auch später nicht vergessen, als sich Hölderlin von ihr getrennt hatte, um der Freiheit den Vorzug zu geben.

Freiheit war die Losung der Epoche, und die Französische Revolution war ihr grausames Instrument. Selbst ein stiller und beschaulicher Ort wie Maulbronn blieb von ihren Folgen nicht unberührt. Justinus Kerner gibt in seinen Jugenderinnerungen, die er „Das Bilderbuch aus meiner Knabenzeit" nannte, eine lebhafte Schilderung der damaligen Lage. Kerner kam nach Maulbronn, als sein Vater dort die Oberamtei übernahm. Die Klosterschule hat der Sohn nie besucht: Dafür war er zu jung. Justinus Kerner war noch keine neun, als die Familie 1795 das einstige Jagdschloss Herzog Ludwigs von Württemberg hinter der Klausur bezog, aber aufgeweckt genug, um ein Jahr später die Truppenbewegungen und den Kanonendonner zu registrieren, mit denen sich der erste Koalitionskrieg im Kraichgau bemerkbar machte. Kerner berichtet, wie ein kleiner Trupp französischer Chasseurs im Amts- und Wohnsitz seines Vaters satt und weinselig gemacht wurde, derweil die Frauen rasch rote Kappen nähten. Sie waren als Anspielung auf die phrygische Mütze, ein Symbol der Revolutionäre, gedacht und sollten den Soldaten so viel Freude machen, dass sie auf eine gründliche Durchsuchung des Hauses verzichteten – immerhin hatte Mutter Kerner etliches, was kostbar oder verfänglich war, vor den Militärs versteckt. Die Rechnung ging auf. Am Ende des Mahls wurden die Kopfbedeckungen „an die trunkenen Gäste, die voll Jubel waren, ausgeteilt, während schon unten der Trompeter zum Abmarsch blies. Flugs waren sie alle versammelt und wieder zu Pferde und verließen mit ihren Kameraden in schnellem Galopp das Kloster..."

Die folgenschweren Ereignisse jener Zeit haben später noch Georg Herwegh beschäftigt, der im Oktober 1831 das Maulbronner Seminar bezog. In einem Hausaufsatz setzte er sich mit der „Geschichte der Französischen Revolution" des Historikers und Journalisten François-Auguste Mignet auseinander. Den Seminaristen Herwegh muss damals etwas Poetisch-Schwärmerisches umflort haben: „Sie dichtet zu viel und denket zu wenig," soll der Ephorus, Rektor Hauber, in bestem Honoratiorenschwäbisch zu ihm gesagt haben. Im übrigen blieb Herwegh eher unauffällig. Kaum zu ahnen, dass er eines Tages zu einem Wegbereiter der Revolution von 1848 werden und mit einer bewaffneten deutsch-französischen Arbeiterkolonne in Baden einfallen würde.

Justinus Kerner hat 1846, zwei Jahre vor diesen Ereignissen und fast ein halbes Jahrhundert nach seiner Maulbronner Zeit, damit begonnen, seine Kindheitserlebnisse aufzuschreiben. Mag er im Rückblick das ein oder andere ausgeschmückt und verklärt haben, so ist doch „Das Bilderbuch aus

Das 1588 errichtete Jagdschloss des Herzogs Ludwig von Württemberg war im 19. Jahrhundert Verwaltungssitz der Oberamtei Maulbronn. Hier verbrachte Justinus Kerner vier glückliche Jugendjahre. ◊ The hunting lodge was built for Duke Ludwig of Württemberg in 1588. In the 19th century it became the seat of the rural administration offices in Maulbronn. Justinus Kerner spent four happy years of his youth here. ◊ Le pavillon de chasse du duc Ludwig de Wurtemberg, construit en 1588, était au XIXe siècle le siège administratif de la circonscription de Maulbronn. Justinus Kerner passa ici quatre années d'enfance heureuses.

meiner Knabenzeit" eine reiche Fundgrube voller lebendiger Schilderungen und Anekdoten – eine Idylle, verglichen mit den Erfahrungen, die dann, zu Beginn des 20. Jahrhunderts, Hermann Hesse literarisch verarbeitete. Sein Frühwerk „Unterm Rad", 1904 zunächst als Fortsetzungsroman publiziert, verstand er als „erbitterte Abrechnung" und „edle Form der Rache". Sie richtete sich allerdings nicht gegen den Ort Maulbronn, sondern gegen das pädagogische System, das dort obwaltete.

Im September 1891 war Hesse in das evangelisch-theologische Seminar aufgenommen worden. Zunächst hatte er sich durchaus gut gefühlt. Anfang 1892 jedoch stiehlt sich der 14-Jährige in einer Freistunde fort, bleibt unauffindbar, bis ihn ein Gendarm stellt. 23 Stunden lang hat sich der Junge ohne Mantel, ohne Geld, aber mit seinen Schulbüchern im Gepäck herumgetrieben, und es mag an der bitterkalten Nacht gelegen haben, die er auf freiem Feld verbracht hatte, dass er freiwillig und ohne viel Aufhebens nach Maulbronn zurückkehrt. Hesse bleibt noch bis 7. Mai. Dann wird er aus dem Seminar entlassen.

Das „Gespenst der Klosterzeit", von dem in seinem Roman „Unterm Rad" die Rede sein wird, lag jetzt hinter ihm, ein weiterhin schwieriger Pfad der Selbstfindung vor ihm. Doch so tief seine Abneigung gegen die Schule und vor allem gegen seinen Turn- und Musiklehrer Johannes Haasis saß – so nachhaltig war der Eindruck, den die Zisterzienseranlage bei Hesse zeitlebens hinterließ. In Gedichten, Erzählungen, Essays ist Hesse auf das Kloster zurückgekommen, in dem Roman „Narziß und Goldmund" kehrt es als Mariabronn wieder und noch in seinem utopischen Monumentalwerk „Das Glasperlenspiel", das Hesse zwischen 1931 und 1942 als Antwort auf eine „üble Gegenwart" verfasste, finden sich Anklänge an Maulbronn. Schon in seiner bitter-überhöhten Rückschau „Unterm Rad" erscheint es als Oase harmonischer Vollkommenheit; in einer Beschreibung zu Beginn des dritten Kapitels verwendet Hesse allein fünfmal das Attribut „schön".

Diese eigene Aura hat – vor und nach Hesse – immer wieder Menschen angezogen, die nicht als Schüler, sondern als Besucher und Durchreisende in den einzigartigen Klosterbezirk kamen. Josef Victor Scheffel, damals noch nicht in den Adelsstand erhoben, reiste 1841 als 15-Jähriger von Karlsruhe nach Maulbronn um dort zu zeichnen. Scheffel wollte Maler werden, und seine Motivwahl stand allemal in Einklang mit seiner Generation: Auch der fast gleichaltrige Karlsruher Kunstprofessor und Akademiedirektor Wilhelm Ludwig Friedrich Riefstahl oder die einige Jahre älteren Maler Gustav Conz, Christian Friedrich Mali und Carl Weysser haben die mittelalterliche Szenerie in Malereien und Zeichnungen festgehalten. Bei Scheffel blieben die Maulbronner Skizzen Episode: Er wurde Jurist und suchte Ausgleich zum ungeliebten Brotberuf, indem er dichtete. Berühmt, ja populär wurde er durch seine humorigen „Gaudeamus"-Lieder, die 1868 veröffentlicht wurden und die sich bald unter Verbindungsstudenten großer Beliebtheit erfreuten. Dort findet sich auch die „Maulbronner Fuge", ein sechsstrophiges Lied, in welchem er die lokale Faust-Sage ins Weinselige wendet: Das Gold, das Faust in seiner Alchimistenküche herbeizaubern soll, ist längst vorhanden und schimmert flüssig im Glase – es sind die Kreszenzen vom nahen Eilfinger-Berg, Anbaugebiet für Riesling, Sylvaner und Traminer.

Die „Fuge" blieb Scheffels einzige poetische Hommage an Maulbronn, obschon er den Ort vielfach besucht und gelegentlich auch Freunden wie dem Maler Anselm Feuerbach oder Gästen wie dem Schriftsteller Ferdinand Freiligrath vorgestellt hat. Der radikaldemokratische Dichter, der für seine Gesinnung mehrmals ins Exil gegangen war und seit einigen Jahren in Cannstatt lebte, zeigte sich vom Charme des Ortes allerdings wenig berührt – ganz im Gegensatz zu zwei anderen prominenten Besuchern, die viele Jahrzehnte nach Freiligrath Maulbronn ansteuerten: Ricarda Huch und Theodor Heuss. Die Autorin, die als eine der ersten deutschen Frauen den Doktortitel erwarb, machte nur einen Tagesausflug in den Klosterort; sie sammelte Eindrücke für ihr Buch „Im alten Reich. Lebensbilder deutscher Städte". Der Schriftsteller, der als Politiker bekannt wurde, kehrte hingegen häufig zu dem zisterziensischen Kulturdenkmal zurück. Nach seiner Wahl zum ersten Präsidenten der Bundesrepublik Deutschland mehrten sich die Aufenthalte – nicht zuletzt, um möglichst den Kreuzgang aufzusuchen, der auf Heuss, wie er bekannte, eine eigene Faszination ausübte: „so rührend und erschütternd und beruhigend."

Im Gewölbe über dem Altarraum: Maria, Ordenspatronin der Zisterzienser. ◊ In the vaulting above the altar: the Virgin Mary, patron saint of the Cistercian Order. ◊ Dans la voûte au-dessus du sanctuaire : Marie, la patronne de l'ordre des cisterciens.

GLOSSAR

Bulle: Im Mittelalter wurden offizielle Schriftstücke von Königen oder dem Papst mit einer Bulle, einem runden Siegel aus Metall, versehen, um ihre Echtheit zu dokumentieren. Noch heute wird über erkrankte Staatsmänner oder kirchliche Würdenträger anhand eines ärztlichen Bulletins über ihren Gesundheitszustand berichtet. Ein Bulletin ist ein offizielles Dokument, und solche Schriftstücke wurden früher mit einer Kapsel (lat. bulla) besiegelt, die aus Gold, Silber oder Blei gefertigt war. Heute steht der Ausdruck meist generell für die mit einer Bulle versehene Urkunde als Ganzes; mit der Goldenen Bulle beispielsweise ist also nicht nur das Goldsiegel Kaiser Karls IV., sondern der gesamte 1356 erlassene Gesetzeskodex gemeint. Der Vatikan gibt weiterhin Bullen heraus.

Bursar: Der Bursar spekulierte zwar nicht an der Börse, aber etwas verbindet ihn doch mit den Akteuren dieser Handelsplätze – er war der Finanzfachmann der Mönche. Der Bursar hatte auf die lat. bursa, die Geldbörse, des Klosters zu achten, eine Aufgabe, die in dem Moment an Wichtigkeit gewann, als sich die Ordensgemeinschaften von der Tauschwirtschaft lösten, Gewinne erwirtschafteten oder sogar Kredite aufnahmen.

Dormitorium: häufig verkürzt zu Dorment, heißt – abgeleitet vom lat. dormire: schlafen – der klösterliche Schlafsaal. Anfangs waren die Liegeplätze der Mönche nicht voneinander getrennt. Ab dem 13. Jahrhundert wurden mit Hilfe von Tüchern oder Holzpaneelen Abtrennungen geschaffen. 1335 hat Papst Benedikt XII. den Einbau von Verschlägen mit Vorhängen erlaubt. Das Einrichten von Einzelzellen, das teilweise schon üblich geworden war, hat er allerdings verboten. Die Konversen hatten einen eigenen Schlafsaal, das Laiendormitorium.

Ern ist eine oberdt. Bezeichnung für Hausflur oder Hausgang. Das Wort hat sich aus dem althochdt. arin entwickelt, das Fußboden, Tenne bedeutet. Der heute noch gebräuchliche isländische Begriff arinn meint einen offenen Kamin und erinnert daran, dass in alten Bauernhäusern der Ern nicht selten der Ort für die Feuerstelle war.

Grangie: In alten Kochbüchern findet man manchmal noch Ausdrücke wie „ein Gran Salz". Gran ist die Verkürzung von lat. granum, Korn. Von granum wurde im Mittelalter der Begriff grangium, der Kornspeicher, dt. Grangie, abgeleitet. Bei den Zisterziensern waren Grangien freilich mehr als bloße Vorratsgebäude: Sie waren Außenstellen der Klöster und bildeten die Grundlage der Nahrungsmittelversorgung. Nicht selten entwickelten sie sich zu regelrechten Wirtschaftsunternehmen von beträchtlicher Größe; Clairvaux beispielsweise hielt im 13. Jahrhundert auf einer Grangie rund 3000 Schafe.

Klausur und Kloster sind etymologische Verwandte. Beide Wörter sind vom lat. claudere, schließen, abgeleitet. Auch die Klause, die Behausung der Einsiedler, gehört in dieses Wortfeld, das auf die bewusste Abgrenzung des Mönchtums gegen das Treiben der Welt verweist. Die Klausur ist gewissermaßen die Steigerung des Klosters, denn sie umfasst den inneren, nach außen abgeschiedenen, abgeschlossenen Bereich, abgewandt von den Wirtschaftsgebäuden.

Konverse ist allgemein die Bezeichnung für einen Laienmönch. Ursprünglich galt jeder, der die Umkehr (lat. conversio) vom weltlichen zum geistlich-religiösen Dasein vollzogen hatte, als Konverse. Spätestens im 11. Jahrhundert kam es jedoch zu einer Ausdifferenzierung zwischen den eigentlichen Mönchen und den Laienbrüdern, durch deren Arbeit es den Ordensleuten überhaupt erst möglich wurde, sich ganz und gar Glaubensdingen zu widmen. Die Zisterzienser haben dieses System übernommen. Die Konversen gehörten zur Klostergemeinschaft, waren aber räumlich von den Mönchen getrennt.

Refektorium ist die mittellat. Bezeichnung für Speisesaal. Er ist der Ort, an dem die lat. refectio erfolgt, was so viel heißt wie Wiederherstellung, Erholung.